「琉球・呂宋漂海錄」 研究

「유구・여송 표해록」 연구

－ 2백년전 유구(琉球)・여송(呂宋)의 민속 언어 －

多和田眞一郎 著

趙 堈熙 譯

박문사

■ ■ ■ 한국어판 출간에 즈음하여 ■ ■ ■

아주 오래 전의 일이라 기억이 확실하지 않지만 1996년 일로 생각한
다. 조강희씨로부터 이 책을 한국어판으로 출판하면 어떻겠느냐는 제안
이 있었다. 가치가 있는 자료인『표해록(漂海錄)』의 존재를 많은 사람에
게 알리기에 좋은 기회라고 생각하여 흔쾌히 동의했다.

곧 바로 행동을 개시했다. 두 사람이 한국에서 개최되는 일본어・일
본문화 관련 학회에 출석하여 그곳을 방문한 출판 관계자들과 출판이
가능한지 여부에 대해서 의논했다. 결과적으로 출간은 되지 않았다. 시
기상조라고 느껴졌다.

세월이 흘러 계절이 바뀌어 가듯이 시간이 경과해 갔다. 한국어판 간
행 등은 전혀 생각지도 않고 있었다. 그리고 잊고 있을 무렵 무언가가
찾아 왔다.

30년간의 한국 지기(知己)가 알려주었다. 2005년 2월 16일의 「조선일
보」 신문에『표해록(漂海錄)』에 관한 기사가 있다고 말했다. 인터넷으로
찾아보았다. 「180년 전의『선박 건조 논문』 발견」이라는 제목의 기사였
다. 그 내용은 대략 다음과 같았다.

180여년 전의 어느 「실학자」가 저술한 선박 건조에 관한 논문이 발굴
되었다. 전라남도 신안문화원은 16일 「조선 후기의 대학자, 다산 정약용
(丁若鏞 1762~1836)이 강진(康津)에 유배되어 있었던 당시 특별히 아

겼던 제자 이강회(李綱会 1789~미상)가 저술한 문집『유암총서(柳菴叢書)』에 국내에서 처음으로 보이는 선박 관련 논문인『운곡선설(雲谷船説)』을 확인했다」고 전하였다.

　문화원은 신안군 우이도에 살고 있던 문채옥(文彩玉)씨(75)가 소장해 오고 있었던『유암총서(柳菴叢書)』 등 문집 2권을 받아서 현대어로 번역 하던 중에 이것을 발견했다고 소개했다.

　이강회(李綱会)는 정약용(丁若鏞)이 유배 형을 마치고 한양으로 향하자 스승의 형님인 정약전(丁若銓 1758~1816)이 유배 생활 중에 사망한 우이도(牛耳島)로 건너가서 두 형제의 학문적 성과를 계승하는데 협력을 한 인물로 알려져 있다.

　이강회(李綱会)가 남긴 2권의 문집은 지금까지 자손에 의해서 소장되어 왔지만, 이번에 햇빛을 볼 수 있게 되었다.

　모두 26페이지 분량의 서문, 본론, 후기로 구성된 이 논문은 일본, 마카오, 중국, 필리핀의 선박의 건조법을 자세히 기술하고 있다. 특히 외국 선박과 조선 선박과의 비교, 조선 선박의 약점을 예리하게 비판하고 있다.

　신안 문화원의 최성환 사무국장은「전문가의 자문을 구한 결과『운곡선설(雲谷船説)』은 선박건조에 관한 국내 최초의 논문으로 보인다」고 하고,「문장 중에 국가경제와 민생의 힘이 되고자 하는 저자의 정열이 느껴지며 당시 실학의 발전 과정을 이해하기 위한 중요한 자료라고 생각한다」고 말했다.

　이 기사를 보고 우선 느낀 것은 지식의 계승이 얼마나 어려운 것인가 하는 것이었다.

　조선일보사의『월간 조선』1980년 12월 호와 1981년 6월 호에『표해록(漂海錄)』의 소개와 우이도(牛耳島)의 민속·역사 등에 관한 특집 기사가 있다. 그럼에도 불구하고 지식의 계승이 지체되는 바람에 그 후 25년 뒤에「발굴되다」「드디어 햇빛을 보다」와 같은 일이 일어났다고 생각한다.

『표해록(漂海錄)』에 관해서 부족하나마 연구서 같은 것을 출판한 사람으로서 책임 같은 것을 느꼈다. 한국어판 출판을 단념해버린 것이 후회스러웠다. 어떻게든 해야겠다고 생각했다.

지인의 소개로 신안 문화원 발행의 일련의 자료『유암총서(柳菴叢書)』『운곡잡저 권1 (雲谷雜櫧 巻之一)』『운곡잡저 권2 (雲谷雜櫧 券之二)』를 입수했다(2007년 8월 초).

이러한 것에 의해서 당시 한정된 자료밖에 없어서「李~~」라고 판단할 수밖에 없었던「유암(柳菴)」이「이강회(李綱会)」인 것이 밝혀졌고, 그 인물에 관해서도 지식을 넓힐 수 있어 연구가 진전되었다고 생각했지만,「표류시말(漂流始末)」의 내용에 관한「주석·해설」에 관해서는 다와타(多和田)(1994) (즉 이 책)쪽이 자세하고,「언어」에 대해서는「주석·해설」조차도 없는 것을 알았다. 실제로「조사」할 필요를 느꼈다.

2007년 8월 하순 신안 문화원을 방문했다. (92년 우이도(牛耳島) 조사 때와 같이 성낙수 한국교원대학 교수와 동행했다.) 그 전에 이 책을 (신안 문화원에) 우송·기증해 두었다. 최성환 사무국장과 정보를 교환하는 과정에서「이 책의 존재를 나중에 알았기 때문에 자료 간행 때에는 참조할 수가 없었다. 그리고 일본어판인 것이 조금 난점이다」는 것을 알았다. 한국어판 출판의 필요성을 통감했다.

그리고 이야기는 KBS로 2009년 8월 8일(토) (20 : 00~21 : 00)에 방송된「역사 스페셜」「조선시대 홍어장수 표류기 - 세상을 바꾸다 - 」로 이어진다. 자세한 경위는 생략하지만, 오키나와(沖縄) 취재에 관해서 현지 코디네이트・출연자로서 협력하고 앞에서 언급하였던 성낙수 교수로부터 이 책을 차용했다는 이야기를 들었다. 그러나 그럼에도 불구하고 이 책의 내용은 취재에 그다지 활용되지 않은 것 같이 느껴졌다. 취재 방침에 따라서 그렇게 되었는지도 모르지만 이 책의 내용을 고려하면 조금 더 다른 관점에서 취재가 가능하지 않았을까 하는 생각을 하면서 일본어판인 것이 애로사항이었다는 것도 알았다. 이러한 여러 사항이 거듭되면서 한국어판 출판을 요청하게 되었다.

위와 같은 사정도 있고 해서 한국어판 출간은 교정 미스와 같이 분명한 오류가 있는 것 외에는 손을 대지 않고 1994년판 그대로 하는 것을 기본으로 했다. 당시의 연구 레벨을 제시하고, 다음으로 계승되는 것을 바라는 마음에서 판단한 것이다. 그런 이유로「유암(柳菴)」에 관해서도 연구가 진행되어 인물이 밝혀졌다는 것을 염두에 두고서도 당시의「미상(未詳)」을 수정하지 않았다.「유암(柳菴)」이「이강회(李綱会)」인 것에서「언어」분석에 영향을 미치는 것은 없다고 판단한 것에 따른 것이다.

공사로 바쁜 조강희씨가 지식의 계승, 학문의 발전을 위해서 헌신적으로 번역을 진행시켜 준 덕분에 이러한 결실을 보았다. 감사의 뜻을 표한다. 또 이 책의 가치를 인정하고 출판을 승낙해 준 박문사 사장님에게도 감사 드린다.

2010年 9月 11日

多和田 眞一郎

▨▨▨ 머리말 ▨▨▨

오키나와(沖繩) 말에 관한 한글 자료를 최선을 다해서 찾아내려고 하고 있었다, 찾고 있다. 그 과정에서 이 자료 「유구·여송 표해록(琉球·呂宋 漂海錄)」과 우연히 만났다.

실은 이 자료의 존재에 관해서는 10년 정도 전에 알고 있었다. 그래서 다음과 같이 소개한 적이 있다.

요즈음『표해록』이라는 제목으로 표류 기록의 존재가 보고되고 있다. 19세기 초에 유구(琉球)에 표류해서 해안에 상륙하였던 어민으로부터 듣고 적은 것이다. 그 중에는 언어에 관한 기록도 있는 것 같고, 표류민이 (송환되는 동안) 반년 정도 머무른 곳이 「도마리무라(泊村)」(현재 나하시(那覇市)의 일부)인 것 같기에 오키나와(沖繩) 본섬(本島) 남부의 언어라고 판단되었다.

(「沖繩の言語学」＜下＞『月刊言語学』1986年 10月）

그 이후 마음에는 두고 있으면서도 주변 사정이 여의치 않아 실물을 보지 못한채 어느덧 5년이 지났다. 그리고 작년에 여건이 허락되어서 십수년만에 한국에 갈 수 있었다 (6월과 7월에 각 1회). 그 결과 문서인 실물을 보러 갈 수는 없었는데, 한국 교원대학교 교수인 성낙수(成洛秀)

박사와 같은 대학교 국어교육과 학생인 조치성(趙致盛)군이 최선을 다하고, 문서 소장자인 문채옥(文彩玉)씨의 호의로 문서 복사를 손에 넣을 수 있었다(9월). 복사를 손에 넣고 적지 않은 흥분을 느꼈다.

곧바로 「언어」부분의 분석을 시작하여 약 1개월 반 후에 「한글자료 오키나와어(ハングル資料沖繩語) (19세기 초)」를 쓸 수가 있었다. 이것을 法政大學 沖繩文化硏究所 紀要『沖繩文化硏究』18호 (92년 3월)에 게재하였다.

원고를 다 쓴 이후 다시 곰곰이 자료를 보고 있는 동안 언어자료로서뿐만 아니라 역사・민속 등의 문헌자료로서도 귀중한 것이 아닐까라고 생각을 하게 되었다. 내가 그 방면에 밝지 않기 때문에 「비전문가의 생각」에 지나지 않을까 우려 했는데, 반드시 그렇지 않다는 것도 알게 되었다.

이 당시 (19세기 초)의 「유구(琉球)」에 관해서는 서양인의 손에 의해서 이루어진 몇 가지 관찰・보고 기록이 존재하고, 그에 상응하는 평가를 받고 있지만, 이들 기록과 비교해도 손색이 없는 것이 아닌가? 아니 오히려 우수할 지도 모른다. 서양인들의 기록이 우호를 표방하면서도 그 내용의 대부분이 군함을 배경에 두고 얻은 정보를 근거로 한 것이며, 의식하였던 의식하지 않았던 강자(强者)의 눈에 의한 것이다. 또 주민과의 직접 교류가 없는 상태에서 관찰하며 보고한 기록이다. 이것에 비해 이 표해기록(漂海記錄)은 무방비・무력한 표류민이라는 입장에서 실제로 체험한 경험에 의거한 것이다. 어째서 그렇게까지 가능할 수 있었을까 불가사의하지만 장례식에 참가한 듯이 무덤 내부까지 볼 수 있을 정도로 그 지역 사람들의 생활에 깊숙이 파고든 사람들의 눈에 의해 묘사된 현실이 전개되고 있다.

다음과 같은 사실을 알게 되면서 더욱 더 의지를 강하게 가지게 되었다. 이 표해기록(漂海記錄)의 확실한 증거를 얻으려고 『유구평정소기록 (琉球評定所記錄)』을 살펴보았지만 유감스럽게도 지금으로서는 1800년 전후의 기록은 발견해 낼 수 없다(현존하지 않는 것 같다)는 것을 확인 했을 뿐이었다. 확실한 증거로 삼으려고 하였던 평정소(評定所) 기록이 존재하지 않는 것은 유감스럽기 그지없지만, 이것은 역으로 그 부족함을 이 표해기록(漂海記錄)이 보충하는 것을 의미하며 문헌자료로서의 가치 를 더 높이는 것이 된다.

문헌자료로서의 가치라고 하면 다음 것도 덧붙여 두고 싶다.

『평정소기록(評定所記錄)』에 보이는 조선인 표착 기록 중에 이 표해 기록과 시대적으로 가까운 「朝鮮人拾壹人慶良間島漂着馬艦船을 以唐江 送越候日記」(雍正 11年, 1733年)와 비교해 보면 「보통」과 「특수」의 대비 로 되어버릴지도 모르지만 양상은 완전히 달라진다. 게라마도(慶良間 島) 표착민(漂着民)들과 구메무라(久米村)의 통역관들 사이에는 「언어 문자상불통(言語文字相不通)」으로 일이 진행되지 않은 끝에 도마리무라 (泊村)의 구시켄(具志堅)이라는 인물을 찾아내어 마침내 의사소통을 할 수 있었다라고 하는데, 이번에는 아마미오시마(奄美大島)로부터 오는 동안에 준비를 하였는지 문순득(文淳得) 등의 표류민이 도마리무라(泊 村)에 도착함과 동시에 통역하는 사람이 나타났다. 조선인 통역이 있었 다는 기록은 주목할 만하다. 또 표류민들과 주민과의 접촉은 엄격히 금 지하고 있었으며 게라마도(慶良間島) 표착민들의 경우도 예외는 아니었 던 것 같지만 앞에서 일부 기술한 것처럼 문순득(文淳得) 등 일행의 경 우는 어느 정도까지는 그 지역 사람들과 교류가 있었던 것 같다. 무덤에 관한 것은 물론이거니와 모기장이나 (여성의) 속옷 등에 관한 관찰은 상 당히 친밀한 교류가 없는 한 할 수 없는 성질의 것은 아닐까? 통역으로 부터 얻은 지식이라고 말할 수도 있지만 기술 내용에서는 현실의 뒷받

침이 느껴진다.

문헌자료 등 이러한 기록만으로 말한다면 장례에 따르는 (집안의) 여성들의 무리가 검은색 막으로 주위를 에워싼다는 기술은 오키나와(沖繩)의 장례 행렬에서 보는 한 가장 오래된 문헌기록일지도 모른다.

상세하게 보면 이것 이외에도 여러 가지로 나올 것으로 예상된다. 그렇다면 이 자료를 공개적으로 간행하는 것이 나의 책무는 아닐까라고 느껴지기 시작하여 역량 부족도 돌이켜 보지 않고 번각(翻刻)·번역문(翻譯文) 등의 작성에 착수한 것이 작년 11월이었다.

간행한다면 자료 그 자체를 직접 볼 필요가 있다. 그리고 무엇보다 문서 소장자(所藏者)의 동의를 얻을 필요가 있다. 그래서 올해 6월에 새로운 여행을 계획하여 목적을 달성할 수 있었다. 그리고 이것은 성낙수 교수의 전면적인 지원에 의해 성취된 것이다. 자세한 것은 「발문(跋文)」으로 미룬다.

끝으로 출판에 관한 소개로 수고해주신 존경하는 벗 平澤洋一氏와 이 자료의 가치를 인정하고 출판을 맡아주신 武藏野書院의 長尾宏氏에게 진심으로 감사드립니다.

1992년 12월 20일

多和田 眞一郎

■ ■ ■ 목차 ■ ■ ■

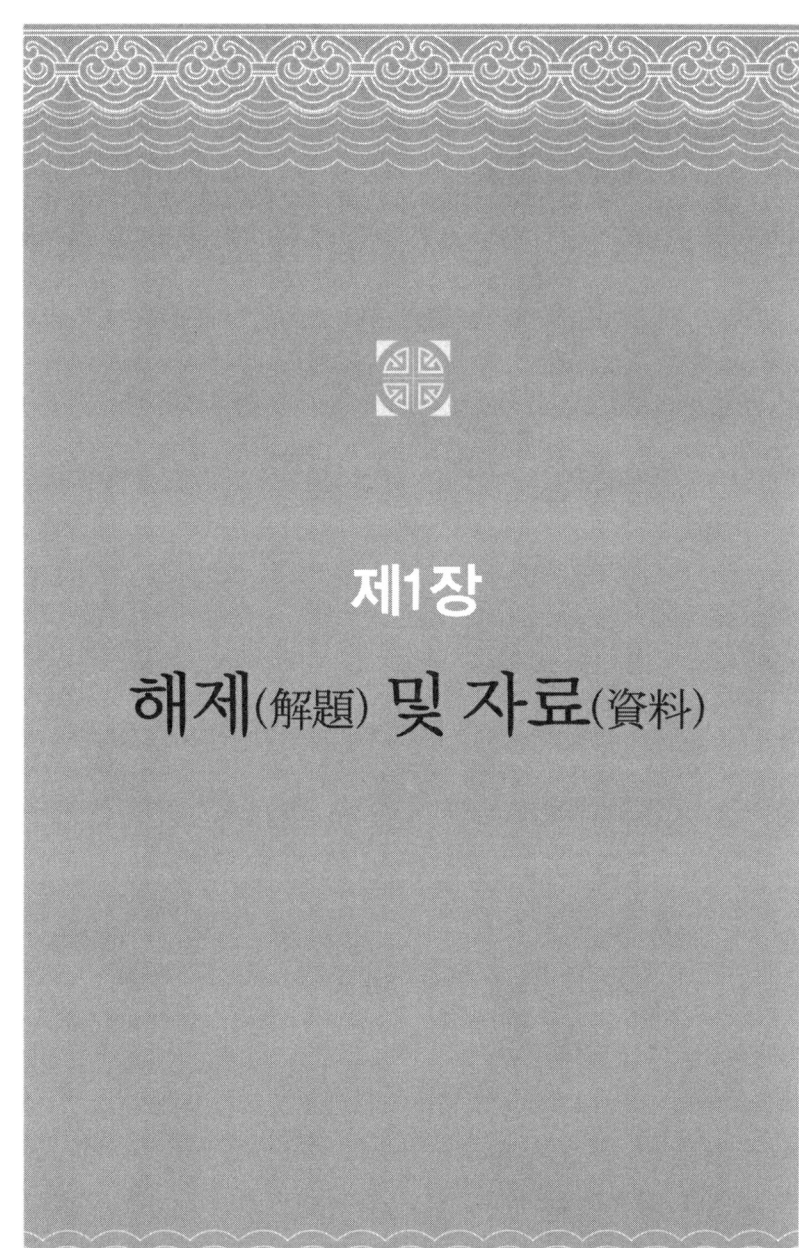

제1장

해제(解題) 및 자료(資料)

해제
(解題)

1. 소장자

대한민국 전라남도 신안군 도초면 우이도리 문채옥(文彩玉)

2. 문서 체재(體裁)

1권. 세로 24.5㎝, 가로 15.5㎝

표지에 「유암총서(柳菴叢書)」로 되어 있고, 부제로 「표해록(漂海錄)」 「여송선제(呂宋船制)」 「거설답객난(車說答客難)」 「거설답(車說答)」이 있다. 각 장의 첫부분에 각각 「표해시말(漂海始末)」 「운곡선설(雲谷船說)」 「거설답객난(車說答客難)」 「제거설(諸車說)」이 있다.

{이번의 연구 대상은 「표해록(漂海錄)」 「표해시말(漂海始末)」에 한정하였다.}

지면(紙面) 48매 (96쪽. 14·72·96쪽은 공백). 용지는 닥나무 종이(楮紙). 필사체. 광곽(匡郭)은 세로 약19㎝, 가로 약13㎝, 쌍변(雙邊), 10행 22자.

표지, 「표해시말(漂海始末)」 첫장 1쪽, 「풍속(風俗)」15쪽, 「가옥(宮室)」19쪽, 「의복(衣服)」21쪽, 「선박(海舶)」24쪽, 「토산(土産)」28쪽, 「언어(言語)」31쪽, 「표해시말(漂海始末)」 마지막장 42쪽 {다음 페이지 1행 「운곡선설(雲谷船說)」의 글자도 보인다}, 「표해시말(漂海始末)」 38쪽 등의 사진을 게재하였다.

「표지」의 사진을 보면 알 수 있듯이 필록자(筆錄者)의 이름을 기록한 것으로 보이는 흔적이 있다.

5행 째에 「李」라고 생각할 수 있는 글자 윗부분이 있으며, 그 아래의 두 글자 정도의 공백 다음에 「書」라고 읽을 수 있는 글자가 있다. 「李○ ○書」 또는 「李○書」이었을 가능성이 높다. 여러 번 책장을 넘기는 동안에 손가락으로 문질러 지워져버린 듯 보인다. 아쉬운 일이다 (X선 촬영을 하면 쓰여 있던 글자를 알 수 있을 것이다).

아쉽다고 하자면, 「표해시말(漂海始末)」 장에도 그러한 부분이 있다. 2행 째 「우이(牛耳)」와 「술(述)」 사이가 4글자 정도 찢어져 있다. 「牛耳島○○○述」인지 「牛耳○○○回述」이라고 적혀져 있었을 것이라고 추측된다.

자세히 보면 찢어져 있었던 것이 아니라 찢겨져있다고 말하는 편이 정확하지 않을까 여겨진다. (写真3 参照)

문서 보존상태가 아주 양호하여 이것 외에는 벌레 먹은 듯한 부분이 한군데도 없다. 그리고 불가사의하게도 (1쪽) 뒷부분의 같은 장소에는 흠집하나 없다 (실제로 1쪽 앞부분의 그 곳만 손가락으로 찢은 듯한 구멍이 나 있다).

문채옥(文彩玉)씨의 이야기에 의하면 표지의 5행 째와 1쪽 2행 째에 뭔가 적혀 있었던 것은 확실하지만 그 글씨가 무엇이었는지는 기억이 나지 않는다고 한다 (덧붙여 말하면 어떤 시점을 경계로 생겨난 「현상」인 것 같다. 언젠가 분명하게 밝혀지길 바라는 바이다).

3. 인물

(1) 문순득(文淳得) (1777년~1849년)

「표해록(漂海錄)」 구술자의 중심인물. 전라남도에 있는 「우이도(牛耳

島)」사람. 생선 거래를 주업으로 한 것 같다.

「운곡선설(雲谷船說)」에 다음과 같은 내용이 있다.

今年冬工于玄州之海寄居於文淳得之家淳得業商者也雖無文字爲人意能歲

壬戌淳得漂到中山地 卽琉 (44쪽 6행)
　　　　　　　　　 球

금년 겨울에 현주(玄州)의 바닷가에서 공부하면서 문순득(文淳得)의 집
에 기거(寄居)하였다. 순득은 장사를 생업으로 삼는 사람이라 비록 문자
에는 능하지 못하나 총명함과 재능이 있다. 임술년에 순득이 표류하여
중산(中山) 즉 유구(琉球) 땅에 이르렀다. <번역자역>

1801년 12월, 강풍을 만나 표류. 「유구(琉球)」「여송(呂宋)」에 체류
후, 마카오・북경 등을 거쳐 1805년 1월에 귀향.

사진「족보상의 문순득」및「주석・해설」의 P130(주46) 참조 (문서
소장자 문채옥씨는 문순득의 「5대손」에 해당한다).

(2) 정약전(丁若詮) (1758년~1816년)

『표해록』 필록자. 실학자. 가톨릭 전교자. 정약용(1762~1836)의 둘째
형. 1801년 12월에 우이도(牛耳島)에 유배되어, 1816년에 그 곳에서 타
계. 문순득의 표류담에 관심을 나타내어『표해록』1권을 집필. 단 이것
은 현존하지 않는다고 한다.

(3) 유암(柳庵) (생몰년 미상)

한학자.「유암」은 호(號)이다. 정약전이 죽고 2년 후(1818년), 문순득
(들)으로부터 이야기를 듣고 정약전의 소록(小錄)을 참조하면서『유암
총서(柳菴叢書)』를 집필. 그 동안의 사정은 같은 책「운곡선설(雲谷船說)」

의 다음 내용에서 알 수 있다.

巽菴丁公謫在此海取淳得口授作漂海錄一卷其譯話土産風俗宮室詳細彙分
又於船制亦極該備然文之言曰時丁公寄居不安將徒玆山故撮其大綱而已細
細精巧不得盡告云爾故今文言礭括成書參以巽菴所錄作爲一篇使文聽說一
無所差云故附之下以足漏闕雖極僭猥此亦謨國之大政也後之君子尙或恕餘
哉 (45쪽 4행~10행)

손암 정공(정약전)이 이곳 바닷가에 유배와 있으면서 순득의 말을 받아
적어서 표해록 1권을 만들었다. 그 번역된 이야기(譯話), 토산(土産), 풍
속(風俗), 가옥(宮室)을 상세하게 모아 분류하고 선제(船制)도 모두 갖추
어 놓았다. 그러나 문순득이 말하기를 당시 정공(丁公)이 기거(寄居)가
불안하여 현산(玆山)으로 옮겨 가려하였던 까닭에 그 대강만 취하였을
뿐이고 세세하고 정교한 것은 다 알려주지 못하였다고 한다. 그래서 이
제 문순득의 말에 의하여 틀린 것을 바로 잡고 손암의 소록(小錄)을 참
고하여 한편의 글을 이루어 문순득으로 하여금 들어보게 하니 하나도
틀림이 없다고 하였다. 그래서 거설(車設)의 아래에 부쳐서 빠진 것을
보충하려 한다. 비록 지극히 분수에 넘치고 외람된 일이지만 이 또한 나
라의 큰 정사를 꾀함이라 뒤를 잇는 군자(君子)들은 혹 나를 용서하기
바란다. <번역자역>

「使文聽說一無所差云」(문순득으로 하여금 들어보게 하니 하나도 틀
림이 없다고 하였다)라 하였고, 뒤쪽에도 「漂海錄 巽菴所撰 曰」(51쪽 4행), 「漂
海錄曰 巽菴所撰」(56쪽 2행) 등이라고 나오는 부분에서, 「표해시말(漂海始
末)」(1쪽~42쪽)은 정약전(丁若詮)의 「표해록」을 필사(筆寫)하고, 그것에
「운곡선설(雲谷船說)」「거설답난(車說答難)」「제거설(諸車說)」을 보태서 『유

암총서(柳菴叢書)』라는 한 권의 책으로 했을 것으로 추측된다. 그런데 유암(柳庵)이 어떠한 인물인가는 소상히는 알 수는 없는데, 그렇다고 전혀 단서가 없는 것도 아니다.

「운곡선설(雲谷船說)」중에 다음과 같은 내용이 있다.

今年秋有漂船來泊靑山苫在康吾友李晴往審之 (49쪽 8행)
津
(금년 가을에 표류선이 청산도 [강진에 있음]에 와서 정박했는데 나의 벗 이청(李晴)이 가서 살펴보니) <번역자역>
今秋漂船之來也李晴見之[1] (56쪽 6행)
(금년 가을에 표류선이 왔을 때 이청(李晴)이 보았는데) <번역자역>
李晴之言曰 (58頁6行)
(이청(李晴)의 말에) <번역자역>

벗인 「이청(李晴)」이라는 인물을 조사하면 유암(柳庵)에 관한 정보를 얻을 수 있을 가능성이 있다 (단지 지금은 그럴 상황이 아니다). 혹은 마음껏 상상을 해 본다면 「이청(李晴)」이 「유암(柳庵)」일 가능성도 생각할 수 있다. 표지의 「李 書」가 상기된다.

이와 관련해서 「강진(康津)」은 지금의 전라남도 강진군. 남쪽 해상 (제주도의 북쪽)에 「청산도(靑山島)」라는 섬이 있다. 또한 이「운곡선설 (雲谷船說)」의 말미에 「무인년 11월에 현주 서실에서 쓴다 (戊寅中冬書 于玄州書屋)」라고 되어있다. 우선 「정약전이 죽은 2년 후」라고 적은 것

---

1) 더욱이 「그 돛을 나뭇잎으로 짰는데 마치 대나무처럼 생겼으며……대나무 잎이라는 것이 구파목의 잎이다 (其帆以葉織成狀如竹葉…竹葉乃九波木葉 也)」라고 이어진다. 구파목 잎(九波木葉)의 돛을 가진 유구(琉球)의 배(船) 가 표류해서 왔다는 기사이다. 「금년 가을(今秋)」은 「무인(戊寅)」의 가을. 즉 1818년의 가을이다.

은 이 사실에 입각한 것이었다. 「무인(戊寅)」은 「1818년」이고 정약전이
죽은 것은 1816년이다.

4. 표류의 개요

1. 1801년(신유) 12월, 문순득(文淳得)・ 문호겸(文好謙)・이백근(李
白根)・박무청(朴無碃)・이중원(李中原)・김옥문(金玉紋)의 6명
이 작은 배로 우이도(牛耳島)를 출발. 도중에「변도(弁島)」에 들른
다. 그곳을 1802년 1월 18일에 나온 뒤 강풍을 만나, 표류 (25일
제주도 서쪽에서 북서풍을 만난다).

2. 1802년(임술) 1월 29일, 「유구국대도(琉球國大島)」아마미오시마
(奄美大島)에 표착. 「양관촌(羊寬村)」 「덕지도(德地島)」 「양영부(洋
永府)」 「입사도(立沙島)」 등을 경유.

3. 1802년 4월 4일 「백촌(白村)2)」 (오시마(大島)에서 1,500리 왕도
(王島) 수리부(首理府)와의 거리는 10리) 도착. 약 6개월 체재.

4. 1802년 10월 7일, 귀국하기 위해 유구(琉球) 관원(官員)들의 보호
를 받으며 중국을 향해 출발. 10일 후 강한 서풍을 만나 표류 (또
10여일 후 북동풍을 만난다).

5. 1802년 11월 1일, 「여송(呂宋)」 서남쪽의 마의(馬宜) 지방에 도착.

6. 1802년 11월 19일, 「一咾呢」(이로코, 이로카노) 도착.

7. 1803년(계해) 3월 16일, 유구선(琉球船) 출발. 문호겸(文好謙)・이

---

2)『유구평정소기록(琉球評定所記錄)』(동경대학 법학부 소장)에 의해 확실한
증거를 얻으려고 했는데, 1800년 전후의 기록은 현존하지 않는 것 같다. 이
것도 유감스런 일이다. 결과로 보면 역으로 「평정소기록」의 부족분을 「표해
록(漂海錄)」이 보충하는 형태가 된다.

백근(李白根)·박무청(朴無晴)·이중원(李中原) 승선 (이 사람들
은 1804년 3월 귀국). 문순득(文淳得)·김옥문(金玉紋) 잔류. 모두
합하여 약 10개월 체재.

8. 1803년 8월 28일, 배 출항.

9. 1803년 9월 9일, 마카오(澳門) 도착.

10. 1803년 12월 7일, 가롱(駕籠)에서 출발.

(이후, 육로(陸路) 혹은 「배를 타고」 여정이 계속된다) (도중 생략)

11. 1804년(갑자) 5월 19일, 중국 「황성」(북경)에 도착하다.

12. 1804년 5월 22日, 고려관 체재.

13. 1804년 11월 4日, 수레로 출발.

14. 1804년 11월 27日, 의주(義州) 도착.

15. 1804년 12월 16日, 「경도」(서울) 도착.

16. 1804년 12월 30日, 다경포(多慶浦)에 도착.

17. 1805년(을축) 1월 1일, 배에 탐.

18. 1805년 1월 8日, 「집에 도착」.

실로 만 3년의 긴 여정이다.

5. 硏究史

정확하게는 소개사(紹介史)라고 하는 편이 좋을지도 모르겠다.

지금까지 「표해록(漂海錄)」에 대해서 소개한 것으로는 다음과 같은
것이 있다.

(1) 최덕원(崔德源) (1980년)

「文淳得의 漂海錄 <琉球 및 呂宋 漂流記>」『논문집』제14집 목포해양

전문대학

이 「표해록(漂海錄)」을 처음으로 세상에 소개한 것. 『유암총서(柳菴叢書)』해제로 시작하여, 정약전(丁若詮)의 행적, 문순득(文淳得)의 행적을 소개하고 「표해시말(漂海始末)」이하의 「주석과 해석」(실제는 한국어 번역)을 한 후에 「표해록 1권의 원문」으로 칭하여 영인을 게재하고 있다. 사실 오인(誤認)에 기인한 것으로 보이는 의문 가는 곳3)도 적지 않게 존재 하지만, 최초로 소개했다고 하는 공적뿐만 아니라 참고가 되는 점이 많다.

(2) 松原孝俊(1984년)

「朝鮮으로의 漂着과 琉球로의 漂着―李朝時代의 두가지 漂着記錄의 紹介―」, 『文明의 CROSS WORD Museum Kyushu』제15호(계간 제4권・제4호 통권15호) 박물관 등 建設推進九州會議編

「표해록」을 처음 일본어로 소개한 것.

(3) 多和田眞一郞(1992년)

「한글 資料 沖繩語(19世紀初)」, 『沖繩文化硏究』18호 法政大學 沖繩文化硏究所

주로 「언어」「유구(琉球)」語에 초점을 맞추어 소개・해설을 한 것.

이것 외에도 조선일보사 『월간 조선』의 1980년 12월호와 81년 6월호에 「표해록」의 소개, 그리고 우이도(牛耳島)의 민속・역사 등에 관한 특

---

3) 예를 들면 「磨沙」(芭蕉)의 열매에서 섬유를 얻는 것처럼 해석하거나 (같은 논문 12페이지 8행), 「유구어(琉球語)는 일본어의 영향을 받은 말(언어)이 있지만, 여송어(呂宋語)는 그 고유어인 것 같다」(같은 페이지 31행) 등과 같은 것이 있다.

집기사가 있다.

 다음은 「표해 관계 해역·지역도 및 주요 통과지(通過地), 도정(道程)」
을 나타낸 것이다.

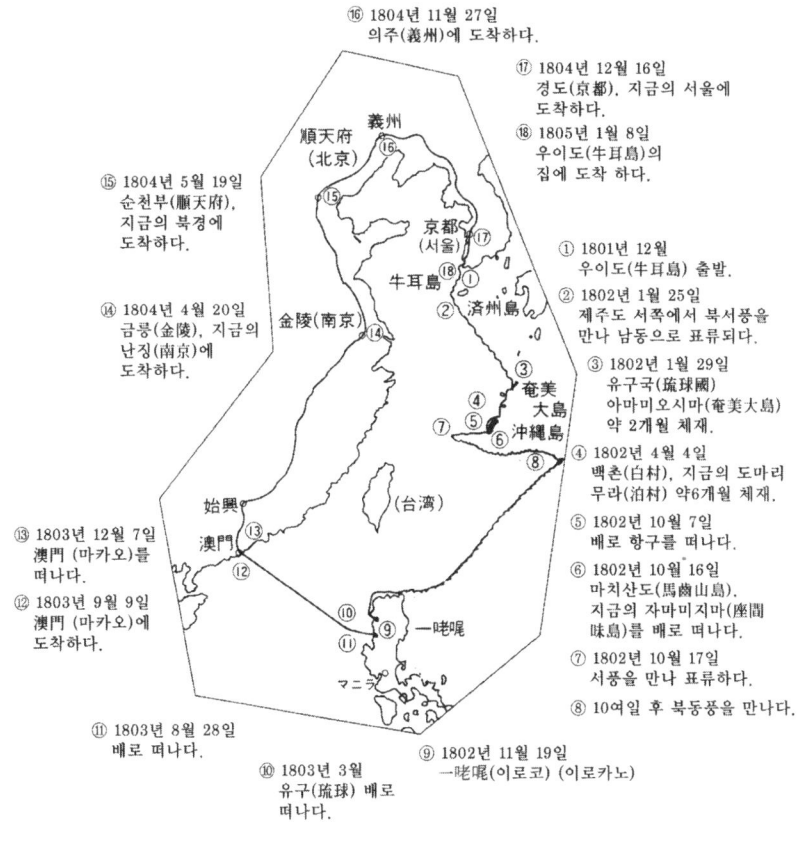

⑯ 1804년 11월 27일
   의주(義州)에 도착하다.

⑰ 1804년 12월 16일
   경도(京都), 지금의 서울에
   도착하다.

⑱ 1805년 1월 8일
   우이도(牛耳島)의
   집에 도착 하다.

⑮ 1804년 5월 19일
   순천부(順天府),
   지금의 북경에
   도착하다.

① 1801년 12월
   우이도(牛耳島) 출발.

② 1802년 1월 25일
   제주도 서쪽에서 북서풍을
   만나 남으로 표류되다.

⑭ 1804년 4월 20일
   금릉(金陵), 지금의
   난징(南京)에
   도착하다.

③ 1802년 1월 29일
   유구국(琉球國)
   아마미오시마(奄美大島)
   약 2개월 체재.

④ 1802년 4월 4일
   백촌(白村), 지금의 도마리
   무라(泊村) 약6개월 체재.

⑤ 1802년 10월 7일
   배로 항구를 떠나다.

⑥ 1802년 10월 16일
   마치산도(馬齒山島),
   지금의 자마미지마(座間
   味島)를 배로 떠나다.

⑦ 1802년 10월 17일
   서풍을 만나 표류하다.

⑧ 10여일 후 북동풍을 만나다.

⑬ 1803년 12월 7일
   澳門 (마카오)를
   떠나다.

⑫ 1803년 9월 9일
   澳門 (마카오)에
   도착하다.

⑨ 1802년 11월 19일
   一呺嘮(이로코) (이로카노)

⑪ 1803년 8월 28일
   배로 떠나다.

⑩ 1803년 3월
   유구(琉球) 배로
   떠나다.

표해 관계 해역·지역도 및
주요 통과지, 도정(道程)

사진1. 「柳花叢書」 표지

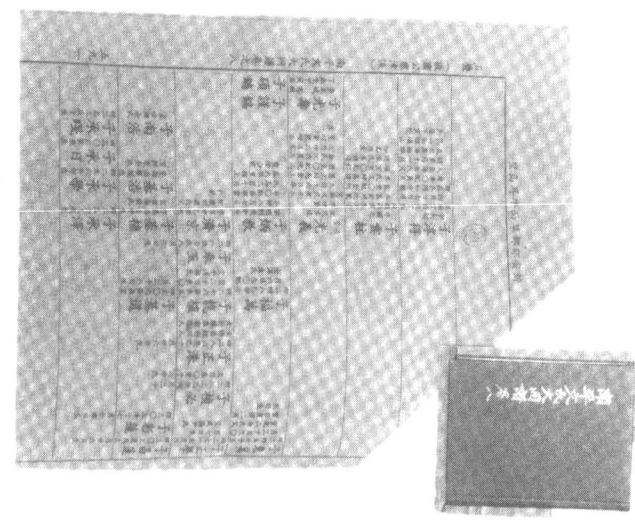

사진2. 족보 상의 문순득(文淳得)

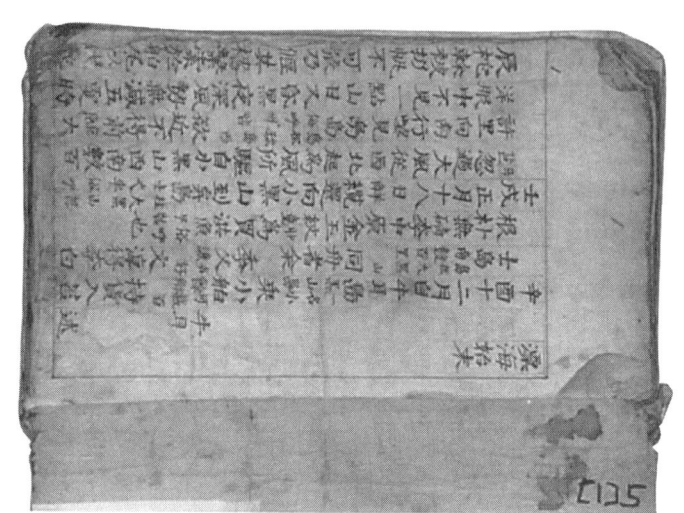

사진3. 『漂海始末』 1쪽

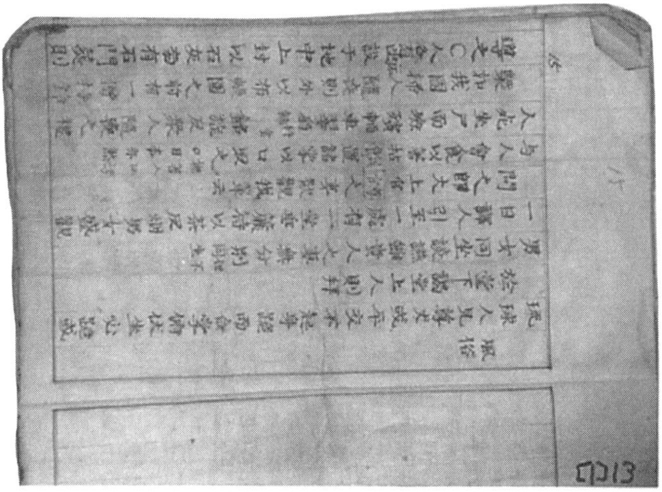

사진4. 『漂海始末』 15쪽
[풍속(風俗)]

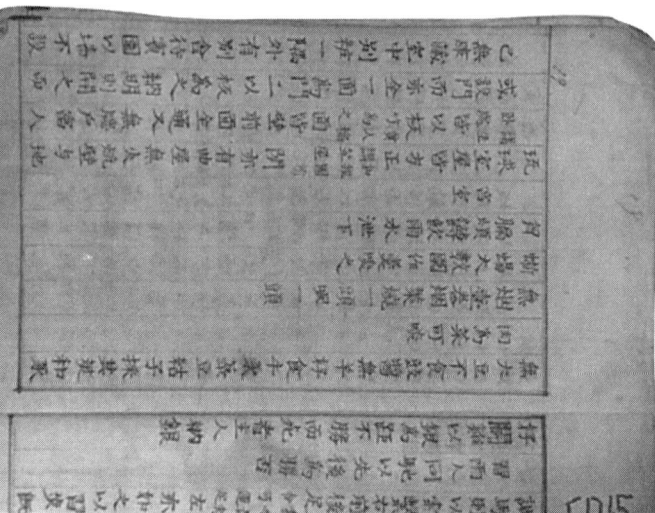

사진5. 「漂海始末」19쪽
[가옥(家屋)]

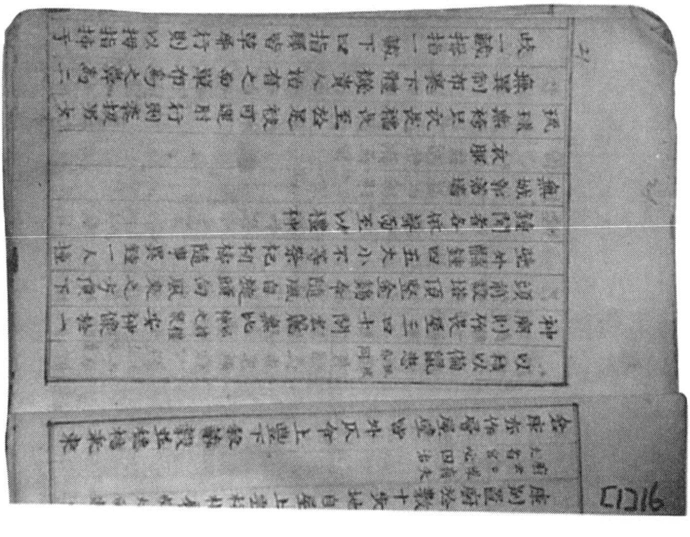

사진6. 「漂海始末」21쪽
[의복(衣服)]

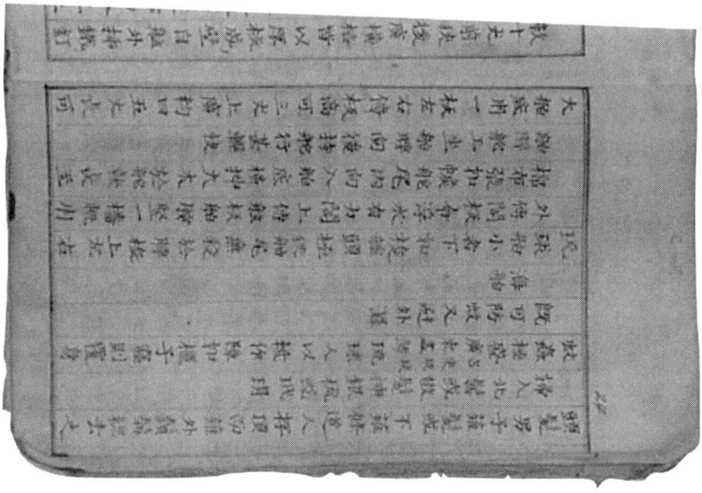

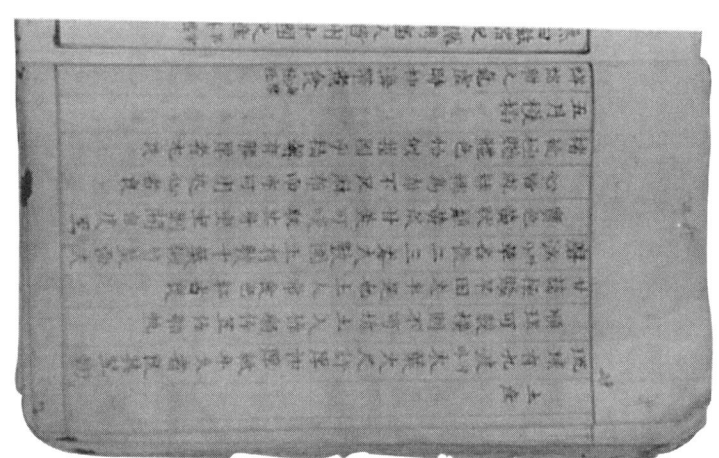

사진7. 『漂海始末』 24쪽
[선박(海舶)]

사진8. 『漂海始末』 28쪽
[토산(土産)]

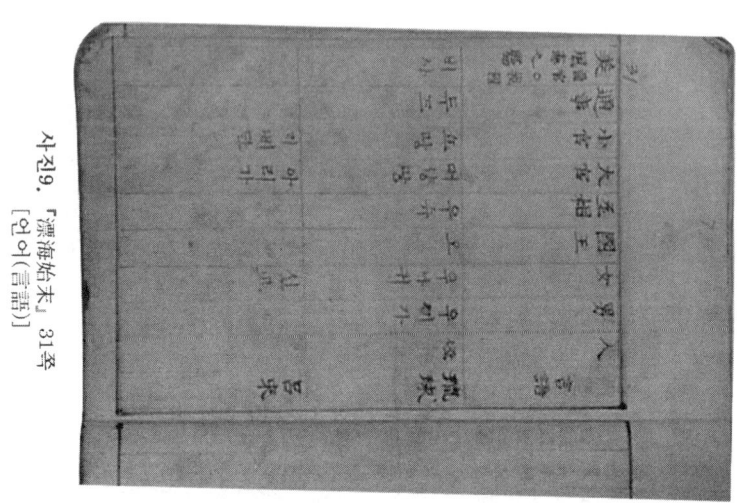

사진9. 「漂海始末」 31쪽
[언어(言語)]

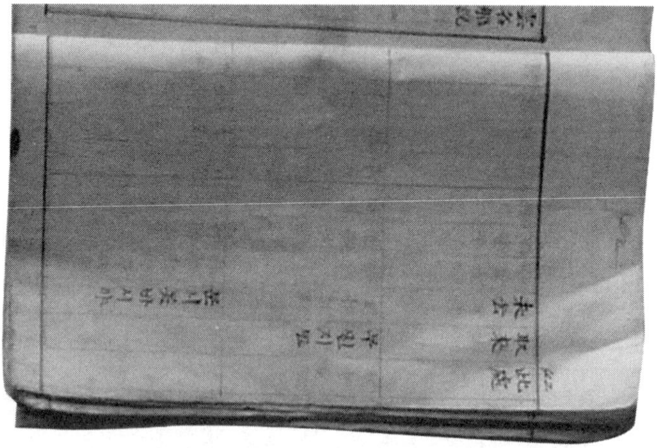

사진10. 「漂海始末」 42쪽
마지막 페이지]

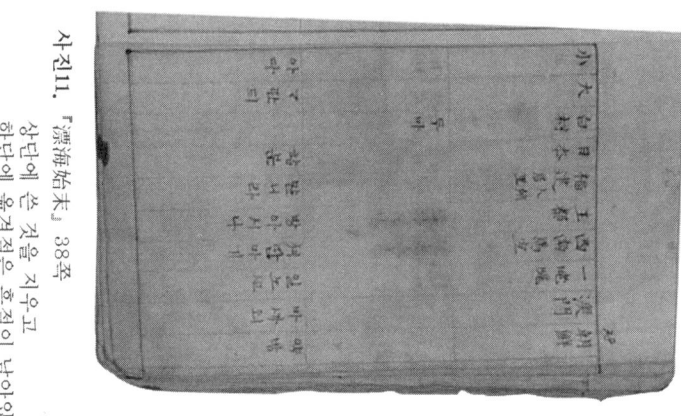

사진11. 『漂海始末』 38쪽
상단에 쓴 것을 지우고
하단에 옮겨적은 흔적이 남아있다.

多島海海上國立公園案內圖（鄒草島）

사진12.

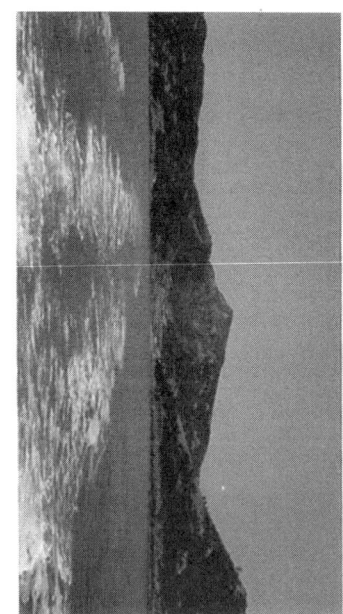

사진14. 우이도 1구를 멀리서 본 모습

사진13. 우이도 1구 모습

사진15. 문서 소장자(문제옥씨 부부)

成 文 多
 洛 彩 和
 焘 玉 一
    郞 田

사진16. 문제옥씨 댁 주변 풍경

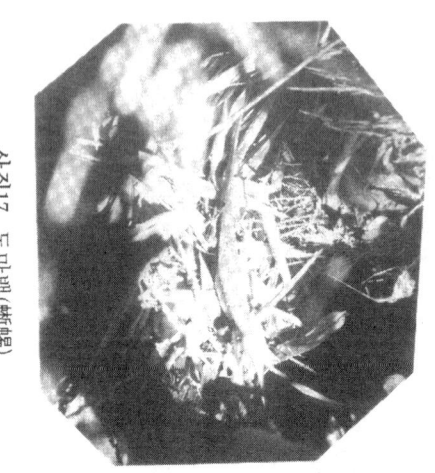

사진17. 도마뱀(蜥蜴)

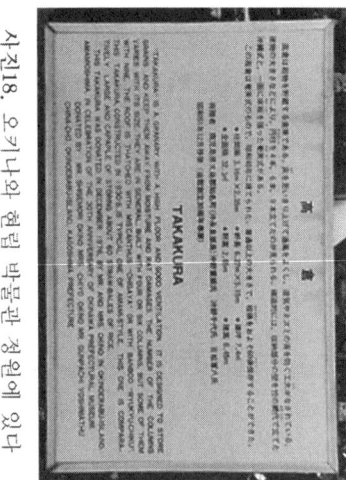

사진18. 오키나와 현립 박물관 정원에 있다

사진19. 야촌(里村)의 창고

사진20. 오래된 교회

사진21. 구바나무

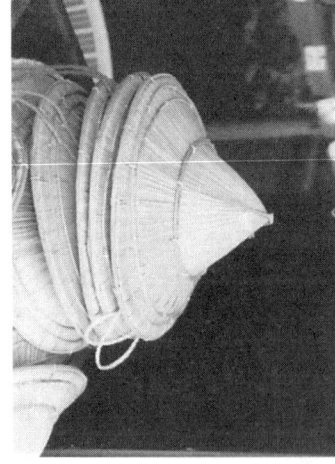

사진22. 구바잎 삿갓

① 바나나(实芭蕉)

사진23. 파초(芭蕉)

② 꽃파초(花芭蕉)

③ 실파초(糸芭蕉)

사진24. 목면(木綿)

사진25. 물소(水牛)

사진26. 망고

사진27. 야자나무

사진28. 두꺼비(蝦蟆)

① 고깔

② 광정건
(廣頂巾)

③ 두루마기

④ 전립(戰笠)

(李敭鍾編著 『國學圖鑑』 (1970年, 一潮閣)을 참고로 재구성했다.)

제2장

본문 영인(影印)

第二章　本文影印

一

漂海始末

牛耳述

辛酉十二月自牛耳島黑山嶼島一名小乘小舶辭可載百

士島南轂百里同舟者余 季父諱好文淳得李白持貨入耽

根朴無碑李中原金玉紋童為買洪魚俗呼岩也

士戌正月十八日鮮覲還向小黑山到弁島士大黑山在琉

忽過大風從西北起為風所驅自小黑山西南數百

許里向南行望見島島俗呼州島在琉球西欲近不得前臨大

洋眼中不見一點山日又昏黑夜深風勢無減五更時

辰柁幹被拗帆不可張乃偃其檣繫素於舶尾以也

縱其所如平明望見且山在東南舟人說是濟州可望

不可親

二十四日遇東風張帆向濟州

二十五日至濟州之西再遇西北風向東南行

二十九日平明見一大島在東南午時來抵下矴而停舟

俄見六七人乘艇來接先之以水繼之以粥時不食三

日喜可知也問之乃琉球國大島也（改琉球今中山）

二月初二日舟行五十許里抵羊寬村（大島）也 下陸架一廬

使居之門外又有廬八人守之

三月二十日舟行沿島百許里抵于禽村前地（大島）

二十九日舟行過德地島翌日過洋求府至立沙島阻風

留四日

四月初四日到白村去王都首崇府十里 譯人來問情略

能爲我國言架一廬居處每人每日供米一升五合菜

菜歡器猪肉問日一供又賜夏服有病醫來診候供藥

餇

十月初七日發舶向大國三舶同發其二其一到馬齒山島醫十

日蓋琉球人至此禱山故久留不進

十六日發舶

四

十七日過西風不知所之十餘日又遇東北風

十□月初一日到呂宋西南馬宅地方下矴琉人華人十

五人為汲水下陸翌日始還而亡其六人問之為本國

人所執

呂宋東北有五島舟行十三日見之未諳其俗不敢近

十二日移舶南行一日抵一地_{地名未聞}留五日汲水澣衣行

一日到一咾喔

一咾喔有福建人數十戶居生_{末刹羅呂宋地名去一咾喔三日程亦有福建人三千戶居生}

福建遭風難人來時原遣琉人導遇及到一咾

喔自扎於同省人借館別居貸銀恣食又召我輩同居

蓋將責報於琉球之計也外言於琉球曰呂宋厚待難

人日殺一牛琉人始信而後覺雖欲禁之福人有援於

呂宋故命令不行後雖稍殺亦不薄食我輩託於福人

同館同食六百於琉球人後果嚴大銀錢

癸亥二月琉人請發舶福人曰四月始有南風非順風不

可行圖萬全且恐罪責多少欲迎人行福人餉口無憂故做

不歸琉人懼之誘之福人五人反鮮人四人白余罪故又做

中原李先出于舶館十里所琉人再來督餘人福人牢拒

相持十日琉人無言而出明日聞之琉舶已發矣余意

琉人受其國命濟我難人今雖有九人載舶餘者尚二

六

十有七人矣〔福人二十五人斛人二人〕彼雖含怨不應捨而先行故

欲待僉議歸一隨眾去罷早知如此雖死於琉舶豈不

隨我李父邪萬死一生父子各離獨持玉絞余憫衜如

頸舶之發在三月十六日〔歸聞李父以甲子三月回國〕

餘人二十七人既失琉舶獨罷于後餬口無計有一修道

人本以華人入此地三世頗饒居因蔡先生〔此者爲福華人之居〕

主之文言饋米五十簣十斗又饋二十簣又饋銀不少

他人亦多乞米乞肉者賴以餬口矣〔乞音〕

土人不知絞絙而好紙或戲買棉絲及布〔絲夫皮麻顆土人以織布〕

絞絙斤賣可供烟酒之費玉絞日所斫柴賣之

五月廣東商舶來門者行商于呂宋

舶載我輩送廣東

八月二十八日發舶舶人索屋直故与六銀錢十二飯亦自食

九月初九日抵廣東澳門

澳門有一官盖主邊方譏察

接賓征商文職也十一日召余問遵風情實卽舍于館

供待甚盛

十二月初七日發程各二人護送官歸後

十三日一襲

十一日進程出城乘舟兩岸多石等有人家三日抵廣東府

十三日入總督府出南海縣館于粵關關王及天后祠供待不尺

澳門

一日土人率異國人二人來訪異國人自言我是安南人
又言高麗之俗不好余問何故答曰嘉慶六年辛酉与澳
門來住呂宋人糶而商三十人同舶遭風抵朝鮮地方
一大島濟洲似指五人泅水下陸為島人所害故謂害不知本意我
們懼而舉矴躲避至于日本地方人皆溺死吾二人得
生賴日本護送至于南京而轉至此方還向本國云余
自想辛酉十一月在家時聞有一舶來濟州五人下陸

欲問情而執之船人棄五人而張帆而走五人面如漆

言語文字不通不知為何國人矣安南人所傳必此事

也及到義州聞通事之言尤可信也其人常言吜呂叶

外呈云而呂宋人呼廣東則從華語澳門則稱馬哥外

語 見言 此一證也其人面如漆而呂宋閩有如漆者居澳

門者亦然此二證也其人待童子以尊書進食上馬童

子不先餘人不敢云而呂宋之俗貴人髮皆垂後如童

子以黑繪纏束此三證也 蓋必先下指導所以貴者見 蓋到異國未諳物情有知識

擒其人髮如羊毛云而呂宋人面黑者髮必如羊此四

證也五人遇害故遁逃之說合於當時寧此五證也及

到始與遇濟州人則曰其人腋下有囊眼見衣裁銀盒頭

載藤笠服見衣云此呂宋之俗此六證也他國異於我國況

中國安南呂宋之人互相居住耦於商賈無異同國

安南之与澳門不甚相遠同舶同商非異事也嗟乎方自我國送其人于

其自東而西也暹陽而復還云欣然庶幾有生還之

望及其回車而東也口裏不絶者廣東馬哥外也廣東

馬哥外明明狂此天之下而幾千萬華東之人裏如充

耳竟使再因于濟州此人此時當作何心想余自環再

漂之時不覺爲此人汪然出涕况余羈旅三年賴諸國

大恩生還故國而此人尚在濟州安南呂宋之人謂我

國何如良可愧汗

甲子三月十七日進程舟行十一日七十八里（行一千一百）至南雄

府保昌縣傑隨後（護送官康）行五嶺之一。

四月初五日踰梅嶺（行一百二十五里）來轄八江西界佰南安

府

初六日舟行三日抵康州府登滕王閣（破屋三四閭甚蕭條）

初九日舟行四日抵江西府雷一日（城周二百里云）

十四日舟六日抵南京（二百里云）

二十日舟行五十里抵上元縣金陵（自南京至金陵舟行齣京城觀楚）

覇王闕王祠燕自己碑（碑在山頂）

二三

二十一日渡大江〈廣一百里〉又舟行二十里宿蕪湖縣〈渡江後由胡由〉

漕渠行○縣城外漕渠兩岸設枋橋船行則撤集船則設〈州城外設舟橋〉

二十二日舟行六十里宿揚州府〈州城以後舟行則開文由漕渠行兩岸外田疇却在水〉

二十三日舟行四日過三甫〈揚州以築石爲堤〉由漕行發卒曳之○漕船皆

二十六日自三甫陸行〈乘橋〉五里渡沙島〈廣二十里疑〉河淮合流香宿淮
陰館

二十七日乘車行三百里八山東界

五月十九日到皇城

二十日往順天府仍至大興縣閏三月

二十二日謁禮部仍隨通事往䳶高麗館

九月二十八日我國黃曆壹咨官到京

十一月初四日發程乘車

二十四日過柵門

二十七日到義州

十二月十六日到京都

三十日到多慶浦

乙丑正月初一日乘舟

初八日到家

卉

風俗

琉球人見尊丈或平交不起身跪而合掌俯伏坐必跪或

於堂下謁堂上人則拜

男女同坐談謔雖貴人之妻無分別同坐

一日譯人引至一處有一堂垂簾待以茶及烟男女盛觀

問之郎大上官尊之妻欲觀我輩云

与人會食以箸拈餤置諸掌以口取之

人死坐尸而殮輀車翣扇飾

銘旌及眾人隨喪之禮

駴如我國掃人隨喪則外以布帳圍之前有一僧持鈴

導之〇人各有〇設于地中上封以石灰旁有石門藝則

十六

安棺於函中而開其門函大三四閒或五六閒爲菽葵

之所

讀書者貼腹於地伏而讀之

常服榮身中常帶藥餌時時嚥之

烟臺烟筒極小常佩於身邊有木器長六七寸一頭藏火

一頭安唾壺行則隨身 日本亦然

去起鬚如上而存鬢頭髮削頂而存外傳以爐膏作鬢上作

句環下以餘髮纏繞

賤人臂上心有墨黥隨業異樣漁者作三條鐵線狀揷人

于背有黥

貿間常把紙遺屎拭以紙 本俗亦曰

貴人方有姓賤人無姓

善御馬能跨行于崖壁

籃輿以竹織成如筐子以木縱貫而輿垂下兩人肩擔 本日

然 亦然

坐市買賣皆女人爲之 呂宋亦然

耕旱田皆用大鑄水田始用犁

錢文曰寬永通寶大如中國之錢通用于中國

呂宋人坐必以椅見人作禮搖其手或脫冠而搖之見父

母或尊長引其手嗅之

六

炊飯男子為之吃飯則中置飯一器饌一器男女環坐以

手吃之貴人用匙箸一鉢三枚以火端貫食

舞則男女對立垂手而伹動身以應曲

有國書而有音無義以羽本書横看無華文

刑人編章作鞭鞭其腿治盗則鞭之之後以横枷伏以枷

之少頃脫之囚足于柱納贖銀則釋之否則為杻限滿

釋之

調馬則以索繫右前後足索之長短可運足左亦如之以習步馺

習兩人同馳以先後為勝否

好鬪雞以銀為距不勝而先者主人納銀

無大豆不食豉醬無羊好食牛豕菉豆結子採其莢和豕

肉為菜可啖

無烟臺卷烟葉燒一頭吸一頭

蜥蜴大歠圍作羹啖之

胃脹煩醟飲雨水泄下

宮室

琉球室屋皆方正謂笠屋 如我國所 閣亦有曲屋無火炕壁與地

謂生 臥處皆以柀竹 編面 爲之面皆壁前面全通又無牕戶富人

或設門而亦全一面爲門二以柀爲之納明則開之所

己無庫藏室中別粧一隅外有別舍待賓圍以墻不設

二十

扉覆屋有尾有草或有不尾而上草

官舍亦有外墻雖國都無城郭

呂朵室屋亦皆方正三四五間不等無石礎穿地樹柱

高二三丈上作層屋即成室房置梯升降壁与地皆以

板為之前後面全以石鱗為牕貧者或以覆以竹冒人

以石灰等墻成凹角形高五尺墻上縱橫置木木上架醬高四板為之

屋上覆以瓦下承屋霤内剗其墻令水湊中而下為水火患最頻故遠其

庫別置廚於數十步地自屋上雲梯相屬或有夫火者宮必四治廚云

倉庫亦作層屋壁皆外仄令上豐下穀藏穀並穗桔秉束

以積以備鼠患 <small>琉球亦同</small>

神廟則作長屋三四十間宏麗無比 <small>神之眾</small> 以待禮安神像於一

頭前設塔頂豎金雞令隨風自旋頭向風夫之方頂下

壁外縣鍾四五大小不等祭祀祈禱隨事異鍾一人撞

鐘聞者各依聲而至以禮神

無城郭藩墻

衣服

琉球無袴只衣長褊長至於足袚可運肘行則褰揭男女

無異制布裹下體襪貴人抬有之而單布爲之鼻爲二

歧一藏拇指一藏下四指屐皆草屝行則以拇指插于

蓑閉 亦日本俗

無冠貴人有帽略似我國書吏之帽而差低短簷以銀或

銅為頭作菊花飾插髻一縱一橫

僧衣恰似我國所謂長衫

掃人作北髻簪以瑃瑁以竹 俗呼干 貧者或

賤人作役以木葉叶木 為笠扣我國竹笠而小以蔽日

富人行必持雨傘

呂米禪襦無交領衣則從頭冐下役輩容臂袛有銅紐銀金
銅無定自領至脅約十餘粘之筵下周圍作八囊或四或十以優佩

用襦長短無定而俱有裾長者至膝而下殺人者之衣黃修

道人以黑繪作長袍〔扣我國所謂周塞衣〕長至足

袴貴人袴下聯襪成一體甚狹堇容股脛要前着厚綿〔襪似〕

下
凸露

賤人袴兩脚甚濶略扣我國婦人禪袴無褌摺作空橐貫

繩而繫之

冠貴人以尖為之略扣我國所謂氈笠而摺其左右○常人以藤結成上扣折風帽大至額前茵可數寸賤人

以五色布〔絞如〕為巾覆首

婦人襦如男子下有裙周圍全塞無腰帆亦摺作空橐貫

繩繫之

頭髮男子薙髮或下薙修道人存頂而薙外鬚髯總去之

掃人北髻或散髮插銀梳或玳瑁

蚊蟲極盛廣東盡然琉球人以紙作障如櫃子寢則覆身
呂宋琉球

既可防蚊又避外瀑

海舶

琉球舶小者下如梭艫頭極狹舳尾無殺於腰梭上左右

外傳閣板令浮水有力閣上傳艍板舶腰竪一檣帆用

棉布張如幔舵尾內向入舶底橫拌大木於舵軶長至

舶脥舵工坐舶腰向後持舵行甚輕快

大舶底用一板左右傳板高可三丈上廣約四五丈長可

歡十丈前狹後廣橫格皆以厚板成壁自艙外揷鐵釘

固定中作蓬屋屋之左右竪板通穴令波濤出入屋上

又作蓬屋艪頭作一大虹虹上抻旗指揮令舵工視而

持舵舵直竪而繫一索由舡底繫于艙頭以防外傾舵

樓作二層下有柁工六人持柁上坐二人持指南鐵竪

二檣設格而安檣令不傝于舡底帆用九波木葉産見上

素帆以織竹貼定葉帆在左又有布帆以助之葉帆之

上檣餘三四丈風小則又張布帆於餘檣舡尾左右有

二小檣張布帆以助舵力舶腰左右設大板門行則曳

上汲艇以藏之

二十六

呂宋舶底以一板底上左右三四板極狹令垂下其上陵

廣之艫頭屬於底板豎一柱左右舷板頭屬于柱鱗傳

艫極狹而舶廣船高三丈長十五六丈廣三丈（此其中）
長十丈無橫格自頭至尾無閒二尺豎柱歸於舷板鐵釘

固定故舶中曠然無礙蓬屋扣玩球袍尾直豎不得上
下而甚小助舵（舵鈍狹小入水舵小而能仕也）

四五節可離可合隨風增減帆胃白苧布張扑候艫頭

向前斜豎一檣（如弦稍下橫斜上一邊下）一帆縱張（一邊向上令舶無）

搖於左右一帆橫張（檣邊上一邊下）令受舶左右之風

一小板（方廿四寸）三邊線紿以鐵中穿一孔貫以繩（繩良）定

緪緪于甕二小壺等六，_{容可數合}壺以琉璃兩壺適
盛沙于一壺而空

其一舟入洋中一人持甕投板于水而解其頭甕墜板必
堅立繩解水抱板必定
住舟既前進板必在後一人持兩壺沙上空下兩口相

合令上壺之沙入于下壺上壺沙盡則收其繩而度之
以知沙盡之頃舟行幾歩如是日四五次以知當日行

幾里〇鉛鏡作半越形十斤可戴中穿一空貫繩塗牛脂
於其昔於是解帆舣邊列立五人分執貫鏡之繩所執人
十丈在前者投鏡于水第二人釋其繩餘各以次釋繩

鏡抵于地則收兩度之以知水深且以塗脂所染之土

驗之以知其為某地方

土産

琉球有九波卟木葉大尺許厚卟厚紙年久者良其堅靭

順理可裂橫則不可折之人作扇作笠作船帆

甘藷極賤旱田太半是也土人常食色紅者良

磨沙卟草名長二三尋大數圍上有數十葉似竹葉而大

寶色黃狀類黃芣甘美可啖取其身重蟲剝開自底至

心皆成絲織爲布不尺麻布而亦可用近心者良

楮紙極賤體色恰似我國而精潔有勝厚者尤良

五月稬稻

鮮蛇腊之氣虛時和海帶煮食超賤 海帶

無白磁器及鐵器富人皆用中國之産呂宋然

呂宋有木棉樹長十許尺蓓蕾大如茄子中如栗房六七

月開花花如草棉倠核不拄花中而別拄房底土人不

作布倠爲枕實

草棉如拔國而甚豐大堅韌不肙弧彈倠以筐鞍又有黃

棉一種衣或織紐剙爲或織布

十一月始穫稻百果百菜如初秋

水牛略似牛而色黑腹大項細眼赤角長二尺餘彎曲相

向即所謂黑牛八中圍北至蝱草常臥於水中騎乗屯

車如牛性馴擾倠以索繫項放之則索亦去甚緊盛

三十

荔支 俗名未聞 大十餘式葉長而厚三月成實大如胡荵色

溪黃核如杏核而長味極甘爽土人常食或作飯餌不

熟者作菹酸香甚佳

檳榔 俗名未聞 極賤以木葉達灰裹實於葉噉食飯後必食 南顆

皆有之

蝦蟆極藥濾鹽即死去足去腹煮食

三十一

言語	琉球	呂宋
人	ᄯ	신교
男	우끼가	
文	우ㄴ귀	
國王、	오	
丞相	우슈	
大官	더샹망	아리가
小官	쇼망	기쎼단
通事	두ㄷ	
美風憲官。我國之屬	비사	

修道入（所幸／大神）	土人 大神（所幸）	富人	童兒	無姓人	役人	口	耳	鼻	陽莖
			후뛰인	가마두	미쥬부	구지	미미	피이	단인
샌리 / 텬다마리						곰샌라			

掃人私處	坐	喫	唯	諾	眠	死	歌	舞	誅罪
마리	밴소오리	우사가리	우	오오또	이니디	신융	가재	우두이리	군에하
씩인다		여얼	들노비다	들니다라					신이오라

三十四

辱人	不知	可憐	福	風	月 、	正月	二月	三月	四月
와서라믄			후의	간	파치	쵸파치	임파치	산파치	스파치
구리후	미아싸비	보블에			즈믜				

三十五

五月	우파치
六月	슉구파치
七月	치시파치
八月	화치파치
九月	궁과치
十月	시파치
十一月	시모지지
十二月	시와시
每日	미니치
水	미디

딴놈

三十六

山	馬	牛	豕	鷄	米	橘	甘藷	甘蔗草 沙糖	烟草
산실이	마	우시	시시	두리	구미	군희부	한우슈	옥이	다박기
가마	마사오	마부	만슉	마가시					닥박기

三十七

北京	福違	油	豆腐	露酒	縄	草屝	烟臺	箸	雨傘
			안다	두후	쇼주	사바	시리	하시	가사
마다리	의무				노빌				

三八

小	大	白村	日本	福建居里	王都入所	西南馬亥	一啀嗎	澳門	朝鮮
	두마								
아바	마란듸	참분	답나라	셔답마기	방아시나	셔답마기	일노셔	마샤외	약방

三十九

一	二	三	一錢 ：銅錢	大銀錢直八十文	中銀錢直十四	小銀直二十	小小銀錢直十	最小銀錢直五	錢
뛰잇	佚								칸의
매ㅅ	노이	달노	매ㅅ쇼아리ㅅ	비슈	살노ᄡ	멩텅	식가ᄆᆺ	식가월노	부ᅄ

四十

漢字	音	
價幾何	케타	쌉쌀리 만드예시
交易	후늬	
家舍	후늬	가산
船	시미	쌈반
文字	후듸	
筆	가빌	
囊	밋쯩	
簪	이화	
扇	오지	

漢字	한글	한글
有		아다
無	비부랑	아완
籽	주라사	미노
大好	주주라사	
出入	간쥬야	
平安乎	망카리야	흘루비
那裏去乎		아리우시
何處來乎		곰쌔리먼디바시야
白村在	두마카티	
彼處	아마쌔라	

四十二

此處

取來

未去

무씬지ᄶ

분시못바시아

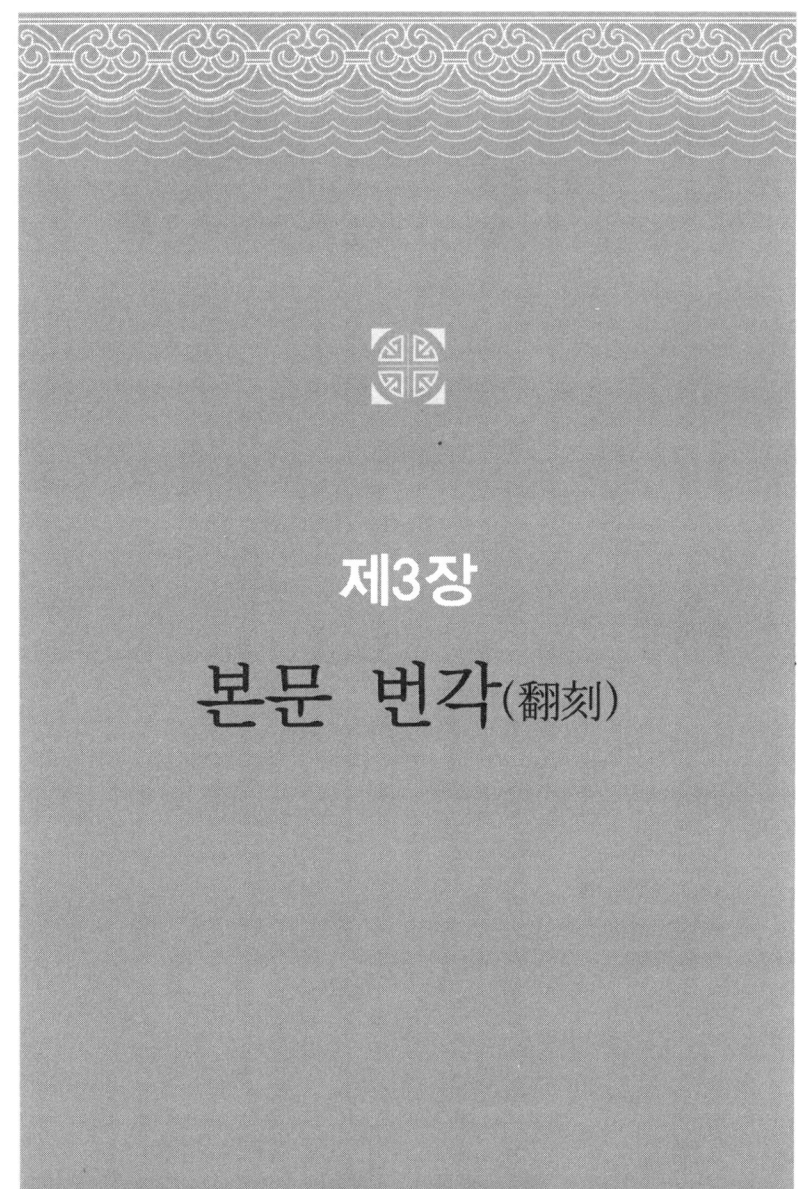

제3장

본문 번각(翻刻)

一　漂海始末

牛耳　述

辛酉十二月自牛耳島(一名小黑山島)乘小舶(可載百餘斛)持貨入苔士島(島在大黑山南數百里)同舟者餘 季父(名謙好)文淳得李白根朴無碃李中原金玉紋(卅童)爲買洪魚(俗呼무럼)也

壬戌正月十八日解纜還向小黑山到弁島(在大黑山苔士之半俗呼곡갈)忽遇大風從西北起爲風所驅自小黑山西南數百許里向南行望見鳥島(島在珎島西俗呼새암)欲近不得前臨大洋眼中不見一點山日又昏黑夜深風勢無減五更時辰柂幹被折帆不可張乃偃其檣繫索於舶尾以代柂

二　縱其所如平明望見巨山在東南舟人說是濟州可望不可親

二十四日遇東風張帆向濟州

二十五日至濟州之西再遇西北風向東南行

二十九日平明見一大島在東南午時來抵下矴而停舟俄見六七人乘艇來接先之以水繼之以粥時不食三日喜可知也問之乃琉球國大島也(琉球今改中山)

二月初二日舟行五十許里抵羊寬村(大島也)下陸架一盧使居之門外又有盧八人守之

三月二十日舟行沿島百許里抵于禽村前(大島也)

三　二十九日舟行過德地島翌日過洋永府至立沙島阻風
　　留四日

　　四月初四日到白村〔自大島去王都一千五百里　首里府十里〕譯人來問情略
　　能爲我國言架一盧居處每人每日供米一升五合蔬
　　菜數器猪肉閒日一供又賜夏服有病醫來診候供藥
　　餌

　　十月初七日發舶向大國三舶同發〔其二載琉球朝京之人其一載我國六人〕
　　〔福建川津府同安縣遭風難人三十二人琉球六十人〕到馬齒山島〔自白村四百里〕雷十
　　日盖琉球人至此禱山故久雷不進

　　十六日發舶

四　十七日遇西風不知所之十餘日又遇東北風

　　十一月初一日到呂宋西南馬宜地方下矴琉人華人十
　　　五人爲汲水下陸翌日始還而凵其六人間之爲本國
　　　人所執

　　呂宋東北有五島舟行十三日見之未諳其俗不敢近

　　十二日移舶南行一日抵一地〔地名未聞〕留五日汲水澣衣行
　　　一日到一咾呢

　　一咾呢有福建人數十戶居生〔末利羅呂宋地名去一咾呢三日程亦有福建人三千戶居生云〕福建遭風難人來時原遭琉人薄遇及到一咾
　　呢自托於同省人借館別居貸銀恣食又召我輩同居

五　　盖將責報於琉球之計也外言於琉球曰呂宋厚待難
　　　人日殺一牛琉人始信而後覺雖欲禁之福人有援於
　　　呂宋故命令不行後雖稍殺亦不薄食我輩託於福人
　　　同館同食〔後果徵大銀錢六百於琉球人〕
　　　癸亥二月琉人請發舶福人曰四月始有南風非順風不
　　　可行〔琉人重久雷費多必欲徑行福人餬口無憂故欲圖萬全且恐同舟之後琉人責誣欺之罪故議〕
　　　不歸〔二〕琉人憪之誘之福人五人及鮮人四人〔餘季父李白根朴無磧李中原〕
　　　〔中原〕先出于舶〔船所去館十里〕琉人再來督餘人福人牢拒
　　　相持十日琉人無言而出明日聞之琉舶已發矣余意
　　　琉人受其國命濟我難人今雖有九人載舶餘者〔尚二〕

六　　十有七人矣〔福人二十五人鮮人二人〕彼雖含怨不應捨而先行故
　　　欲待僉議歸一隨衆去雷早知如此雖死於琉舶豈不
　　　隨我季父邪萬死一生父子各離獨持玉紋余懷何如
　　　〔琉舶之發在三月十六日○歸聞季父以甲子三月間國〕
　　　餘人二十七人既失琉舶獨雷于後餬口無計有一修道
　　　人本以華人入此地三世頗饒居因蔡先生〔華人之居此者爲福人之主人〕
　　　〔人之主人〕之言饋米五十簍〔一簍十斗〕又饋二十簍又饋銀不少
　　　他人亦多乞米乞肉者賴以餬口〔乞音氣〕
　　　土人不知絞繩而好紙鳶戲買棉絲及布絲〔木皮麻類土人以織布〕
　　　絞繩斥賣可供烟酒之費玉紋日斫柴賣之

七　五月廣東商舶來〔呂宋人居廣東澳門者行商于呂宋〕八月自官下令令商舶載我輩送廣東

九月二十八日發舶舶人索雇直故與大銀錢十二飯亦自食

九月初九日抵廣東澳門〔香山縣地西南海舶都會之地○有呂宋紅毛西洋人數萬戶居生○地挾人衆屋上架屋廣東城中亦然〕澳門有一官盖主邊片譏察接賓征商之職也十一日召余問遭風情實卽舍于館供待甚盛

十二月初七日發程〔乘輿各二引路二人後從二人護送官隨後〕夕抵香山縣〔澳門一百二十里〕〔留三日賜衣一襲〕

八　十一日進程出城乘舟〔兩岸築有多人石家〕三日抵廣東府

十三日入總督府出南海縣館于粵關〔關王及天后祠〕供待不及澳門

一日土人率異國人二人來訪異國人自言我是安南人又言高麗之俗不好余問何故答曰嘉慶六年〔辛酉〕与澳門來住呂宋人耦而商三十人同舶遭風抵朝鮮地方一大島〔似指濟州〕五人汲水下陸爲島人所害〔不知本意故謂害〕我們懼而舉矴躱避至于日本地方人皆溺死吾二人得生賴日本護送至于南京而轉至此方還向本國云余自想辛酉十一月在家時聞有一舶來濟州五人下陸

九　欲問情而執之舶人棄五人而張帆而走五人面如漆
　　言語文字不通不知爲何國人矣安南人所傳必此事
　　也及到義州聞通事之言尤可信也其人常言광동마
　　外외云而呂宋人呼廣東則從華語澳門則稱馬哥外
　　見語 言 此一證也其人面如漆而呂宋閒有如漆者居澳
　　門者亦然此二證也其人待童子以尊者進食上馬童
　　子不先餘人不敢云而呂宋之俗貴人髮皆垂後如童
　　子以黑繒纏束此三證也　盖到異國未諳物情有知識者必先下指導所以貴者見
　　擔其人髮如羊毛云而呂宋人面黑者髮必如羊此四
　　證也五人遇害故遁逃之說合於當時事此五證也及

十　到始興遇濟州人則曰其人腋下有囊見衣服藏銀盒頭
　　載藤笠見衣服云此呂宋之俗此六證也他國異於我國
　　中國安南呂宋之人互相居住耦於商賈無異同國况
　　安南之与澳門不甚相遠同舶同商非異事也嗟乎方
　　其自東而西也自我國送其人于潘陽而復還云欣然庶幾有生還之
　　望及其間車而東也口裏不絶者廣東馬哥外也廣東
　　馬哥外明明在此天之下而幾千萬華東之人袞如充
　　耳竟使再囚于濟州此人此時當作何心想余自琉再
　　漂之時不覺爲此人汪然出涕况余羈旅三年賴諸國
　　之恩生還故國而此人尙在濟州安南呂宋之人謂我

十一　　　國何如良可愧汗

　　　甲子三月十七日進程舟行十一日^{行一千一百}^{七十八里}至南雄
　　　府保昌縣^{護送官康}^{傑隨後}

　　　四月初五日踰梅嶺^{五嶺之二〇乘轎}^{行一百二十五里}入江西界宿南安
　　　府

　　　初六日舟行三日抵康州府登勝王閣^{破屋三四}^{間甚蕭條}

　　　初九日舟行四日抵江西府雷一日

　　　十四日舟^行〇六日抵南京^{城周二百}^{二十里云}

　　　二十日舟行五十里抵上元縣金陵^{自南京至金陵}^{舟行南京城}觀楚
　　　覇王關王祠燕自己碑^{碑在}^{山頂}

十二　　二十一日渡大江^{廣一百}^{十里}又舟行二十里宿蕪湖縣^{渡江後}^{入湖由}
　　　^{漕渠行〇縣城外漕渠兩岸}
　　　^{設板橋船行則撤無船則設}
　　　二十二日舟行六十里宿楊州府^{州城外設舟橋}^{船行則開之}
　　　二十三日舟行四日過三甫^{楊州以後舟由漕渠行兩岸}^{築石爲堤 ″外田疇都在水}
　　　^{平下數丈〇漕船皆}
　　　^{由渠行發卒曳之}
　　　二十六日自三甫陸行^乘^橋五里渡沙島^{廣二十里疑}^{河淮合流者}宿淮
　　　陰館

　　　二十七日乘車行三百里入山東界

　　　五月十九日到皇城

　　　二十日往順天府仍至大興縣雷三日

十三　二十二日謁禮部仍隨通事往畱高麗館

九月二十八日我國黃曆賷咨官到京

十一月初四日發程乘車

二十四日過柵門

二十七日到義州

十二月十六日到京都

三十日到多慶浦

乙丑正月初一日乘舟

初八日到家

十四

十五　　風俗
　　　琉球人見尊丈或平交不起身跪而合掌俯伏坐必跪或
　　　　於堂下謁堂上人則拜
　　　男女同坐談讌雖貴人之妻無分別〔但不同坐〕
　　　一日譯人引至一處有一堂垂簾待以茶及烟男女盛觀
　　　　問之卽大上官〔尊官〕之妻欲觀我輩云
　　　与人會食以箸拈饌置諸掌以口吸之〔嫌箸入口污○日本亦然〕
　　　人死坐尸而殯殯輶車翣扇〔幷金飾〕銘旌及衆人隨喪之禮
　　　　槩如我國婦人隨喪則外以布帳圍之前有一僧持鈴
　　　　導之○人各有函設于地中上封以石灰廏有石門葬則

十六　　安棺於函中而閉其門函大三四閒或五六閒爲族葬
　　　　之所
　　　讀書者貼腹於地伏而讀之
　　　常服茶身中常帶藥餌時時嚥之
　　　烟臺烟筒極小常佩於身邊有木器長六七寸一頭藏火
　　　　一頭安唾壺行則隨身〔日本亦然〕
　　　去髭〔口上鬚〕而存鬚頭髮削頂而存外傳以蠟膏作髻上作
　　　　句環下以餘髮纏繞
　　　賤人臂上必有墨黥隨柴異樣漁者作三條鐵線狀婦人
　　　　手背有黥

十七　胃間常抱紙遺屎拭以紙〔亦日本俗〕

　　　貴人方有姓賤人無姓

　　　善御馬能跨行于崖壁

　　　籃輿以竹織成如筐子以木縱貫而輿垂下兩人肩擔〔日本亦然〕

　　　坐市買賣皆女人爲之〔呂宋亦然〕

　　　耕旱田皆用大鎛水田始用犂

　　　錢文曰寬永通寶大如中國之錢通用于中國

　　　呂宋人坐必以椅見人作禮搖其手或脫冠而搖之見父

　　　母或尊長引其手嗅之

十八　炊飯男子爲之吃飯則中置飯一器饌一器男女環坐以

　　　　手吃之貴人用匙著一幹三枝以尖端貫食

　　　舞則男女對立垂手而但動身以應曲

　　　有國書而有音無義以羽本書橫看無華文

　　　刑人編韋作鞭〔鞭覆〕鞭其腿治盜則鞭之之後以橫枷伏以枷

　　　　之少頃脫之囚足于桎納贖銀則釋之否則爲奴限滿

　　　　釋之

　　　調馬則以索繫右前後足〔索之長短令可運足〕左亦如之以習步既

　　　　習兩人同馳以先後爲勝否

　　　好鬪雞以銀爲距不勝而死者主人納銀

十九　無大豆不食豉醬無羊好食牛豕菉豆結子採其莢和豕
　　　肉爲菜可啖

　　　無烟臺卷烟葉燒一頭吸一頭

　　　蚸蝪大數圍作羹啖之

　　　胷膈煩鬱飲雨水泄下

　　　　宮室

　　　琉球室屋皆方正〔如我國所謂笠屋〕閒亦有曲屋無火炕壁与地
　　　〔謂坐臥處〕皆以板〔貧人編竹爲之〕面皆壁前面全通又無牕戶富人
　　　或設門而亦全一面爲門二以板爲之納明則開之而
　　　己無庫藏室中別粧一隅外有別舍待賓圍以墻不設

二十　扉覆屋有瓦有草或有不瓦而上草

　　　官臺亦有外墻雖國都無城郭

　　　呂宋室屋亦皆方正方三四五閒不等無石礎穿地樹柱
　　　高二三丈上作層屋卽成室房置梯升降壁与地皆以
　　　板爲之前後面全以石鱗爲牕〔貧者或以板爲之〕覆以竹富人
　　　以石灰築墻成四角形〔墻高四五丈〕墻上縱橫置木木上架
　　　屋上覆以瓦下承屋霤內刻其墻令水湊中而下爲水
　　　庫別置廚於數十步地自屋上雲梯相屬〔火患最頻故戒火而遠其
　　　廚云○或有失火者官必囚治〕
　　　倉庫亦作層屋壁皆外仄令上豐下殺藏穀並穗結秉束

二十一　以積以備鼠患<small>琉球亦同</small>

神廟則作長屋三四十間宏麗無比<small>以待禮神之眾</small>安神像於一頭前設塔頂堅金鷄令隨風自旋頭向風來之方頂下壁外縣鍾四五大小不等祭祀祈禱隨事異鍾一人撞鐘聞者各依聲而至以禮神

無城郭藩墻

　衣服

琉球無袴只衣長襦長至於足袂可運肘行則褰扱男女無異制布裹下體襪貴人始有之而單布爲之鼻爲二歧一藏拇指一藏下四指屨皆草屝行則以拇指挿于

二十二　綦聞<small>亦曰本俗</small>

無冠貴人有帽略似我國書吏之帽而差低短簪以銀或銅爲頭作菊花飾挿髻一縱一橫

僧衣恰似我國所謂長衫

婦人作北髻簪以瑇瑁<small>貧者或以竹</small>

賤人作役以木葉<small>俗呼구나모</small>爲笠如我國竹笠而小以蔽日富人行必持雨傘

呂宋襌襦無交領衣則從頭冒下袂<small>重容臂</small>袿有銅紐<small>金銀銅無定自領至裔約十餘</small>結之袨下周圍作八囊<small>或四或餘無定</small>十以<small>輕女</small>佩用襦長短無定而俱有裾長者至膝而下殺<small>長者貴人之衣</small>修

二十三　　道人以黑繒作長袍<small>如我國所謂周塞衣</small> 長至足

　　　　袴貴人袴下聯襪成一體甚狹菫容股脛要前着厚綿<small>似嫌</small>

　　　　　　<small>下體之</small>
　　　　　　<small>凸露</small>

　　　　賤人袴兩脚甚濶略如我國婦人褌袴無襮摺作空槖貫

　　　　　繩而繫之

　　　　冠貴人以皮爲之略如我國所謂氊笠而摺其左右○常

　　　　　人以藤結成上如折風帽大至額前簷可數寸○賤人

　　　　　以五色布<small>紋如碁局</small>爲巾覆首

　　　　婦人襦如男子下有裙周圍全塞無襮帨亦摺作空槖貫

　　　　　繩繫之

二十四　頭髮男子薙髮或不薙修道人存頂而薙外鬢髥總去之

　　　　　婦人北髻或散髮揷銀梳或玳瑁

　　　　蚊蟲極盛<small>呂宋琉球廣東盡然</small>琉球人以紙作障如櫃子寢則覆身

　　　　　旣可防蚊又避外濕

　　　　　　海舶

　　　　琉球舶小者下如梭艫頭極狹舳尾無殺於腰梭上左右

　　　　　外傳閣板令浮水有力閣上傳舷板舶腰豎一檣帆用

　　　　　棉布張如幰舵尾內向入舶底橫揷大木於舵榦長至

　　　　　舶腰舵工坐舶腰向後持舵行甚輕快

　　　　大舶底用一板左右傳板高可三丈上廣約四五丈長可

二十五　數十丈前狹後廣橫格皆以厚板成壁自舷外挿鐵釘
　　　　固定中作篷屋屋之左右竪板通穴令波濤出入屋上
　　　　又作篷屋艫頭作一大虹虹上挿旗指揮令舵工視而
　　　　持舵舵直竪而繫一索由舶底繫于艫頭以防外傾舵
　　　　樓作二層下有柁工六人持柁上坐二人持指南鐵竪
　　　　二檣設格而安檣令不貼于舶底帆用九波木葉（見土産）
　　　　表裏以織竹貼定葉帆左右又有布帆以助之葉帆之
　　　　上檣餘三四丈風小則又張布帆於餘檣舳尾左右有
　　　　二小檣張布帆以助舵力舶腰左右設大板門行則曳
　　　　上波艇以藏之

二十六　呂宋舶底以一板底上左右三四板極狹令垂下其上陵
　　　　廣之艫頭屬於底板竪一柱左右舷板頭屬于柱鱗傳
　　　　艫極狹而舳廣舶高三丈長十五六丈廣三丈（此其中舶大者其長二十丈）
　　　　無橫格自頭至尾每間二尺竪柱貼於舷板鐵釘
　　　　固定故舶中曠然無礙篷屋如琉球柁尾直竪不得上
　　　　不而甚小（底既狹小入水如柁故以底助舵所以舵小而能任也）竪三檣檣皆有
　　　　四五節可離可合隨風增減帆用白苧布張如幨艫頭
　　　　向前斜竪一檣（如句之弦股弦綿）一帆縱張（二邊向上一邊垂下）令舶無
　　　　搖於左右一帆橫張（艫下橫垂邊上一邊下亦一）令受舶左右之風
　　　　一小板（方四五寸）一邊緣（純鰭）以鐵中穿一孔貫以繩（繩長無定）

二十七　繩繼于簽二小壺〔壺以琉璃兩壺適等大容可數合〕盛沙于一壺而空其一舟入洋中一人持簽投板于水而解其簽〔緣鋃下墜板必堅立繩解水抱板必定舟既前進板必在後〕一人持兩壺沙上空下兩口相合令上壺之沙入于下壺上壺沙盡則收其繩而度之以知沙盡之頃舟行幾步如是日四五次以知當日行幾里○鉛鋃作半毬形〔重可數十斤〕中穿一空貫繩塗牛脂於其昔於是解帆舷邊列立五人分執貫鋃之繩〔每人所執各數十丈〕在前者投鋃于水第二人釋其繩餘各以次釋繩鋃抵于地則收而度之以知水深且以塗脂所染之土驗之以知其爲某地方

二十八　　土産
琉球有九波구하木葉大尺許厚如厚紙年久者良其堅韌順理可裂横則不可折土人作扇作笠作船帆
甘藷極賤旱田太半是也土人常食色紅者良
磨沙마사草名長二三丈大數圍上有數十葉似竹葉而大實色黄狀類黄苽甘美可啖取其身重重剝開自皮至心皆成絲織爲布不及麻布而亦可用近心者良
楮紙極賤體色恰似我國而精潔有勝厚者尤良
五月穫稻
蟒蛇腊之氣虚時和海帶煮食海帶極賤

二十九　無白磁器及鐵鼎富人皆用中國之産〔呂宋亦然〕

　　　　呂宋有木棉樹長十許尺蓓蕾大如茄子中如栗房六七月開花花如草棉但核不在花中而別在房底土人不作布但爲枕實

　　　　草棉如我國而甚豐大堅韌不用弧彈但以筆〔鞭殼〕又有黃棉一種〔或織組紃爲衣或織布〕

　　　　十一月始穫稻百果百菜如初秋

　　　　水牛略似牛而色黑腹大項細眼赤角長二尺餘〔蠻〕曲相向〔即所謂黑角入中國北至南京皆有之角不能長〕齕草常臥於水中騎乘曳車如牛性馴擾但以索繫項放之則索亦去甚繁盛

三十　荔支〔俗名未聞〕大十餘丈葉長而厚三月成孰實大如胡荽色深黃核如杏核而長味極甘爽土人常食或作飯餌〔不〕熟者作葅酸香甚佳

　　　　檳榔〔俗名未聞〕極賤以木葉塗灰裹實於葉噉食飯後必食〔嶺南皆有之〕

　　　　蝦蟆極繁灑鹽即死去足去腹煮食

三十一

言語	琉球	呂宋
人	쯔	
男	우씨가	
女	우나귀	신교
國王	오	
丞相	우슈	
大官	대샹광	아리가
小官	쇼광	기쎄단
通事	두즈	
美 面官○我國風憲之屬	비사	

三十二

修道人		샌리
土人 所奉大神		전다마리
富人	후쉬인	
童兒	가마두	
無姓人	미쥬부	
彼人		곰샌리
口	구지	
耳	미미	
鼻	피이	
陽莖	딘이	

三十三

婦人私處	마릐	
坐	맨소오리	씌인다
喫	우사가리	
唯	우	여얼
諾	오오닷	
眠	이늬띠	돌노비
死	신융	물니다라
歌	가재	
舞	우두이리	
謝罪	군에햐	신이오라

三十四

辱人	와싯라믄	ㄱ리후
不知		미아싸비
可憐		보불에
福	후	
風	간의	
月	과치	즈믜
正月	쇼과치	
二月	임과치	
三月	산과치	
四月	스과치	

三十五

五月	우과치	
六月	슉구과치	
七月	치시과치	
八月	화치과치	
九月	궁과치	
十月	시과치	
十一月	시모지지	
十二月	시와시	
每日	미니치	
水	미즤	싼놈

三十六

山	산실이	
馬	마	가마
牛	우시	마ᄼ오
豕	시시	마부
鷄	두리	만속
米	구미	마가시
橘	군희부	
甘藷	한우슈	
甘蔗 沙糖草	욱이	
烟草	다박귀	다박귀

三十七

雨傘	가사	
箸	하시	
烟臺	시리	
草扉	사바	
繩		노빌
露酒	쇼주	
豆腐	두후	
油	안다	
福建		의무
北京		마다리

三十八

朝鮮		약방
澳門		마꺄외
一咾呢		일노쇼
西南馬宜		셔람마기
王都		방아시나
福建人所居里		말니라
日本		합분
白村	두마	
大		크란듸
小		아다

三十九

一	씌잇	매스
二	쑷	노이
三		달노
一錢		매스쇠아리사
大銀錢直銅錢八十文		비슈
中銀錢直四十		살노뻣
小銀直二十		몡텅
小小銀錢直十		식가볏
最小銀錢直五		싀가월노
錢	칸의	부악

四十

價幾何		쏨쌔리관도예시
交易	케라	
家舍		가산
船	후늬	삼반
文字	시미	
筆	후듸	
服	가빌	
囊	밋찡	
箸	이화	
扇	오지	

四十一

有		아다
無	비부랑	아완
好	주라사	뫼노
大好	주주라사	
出入		홀루비
平安乎	간쥬야	아리우시
那裏去乎		곰쌔릐먼듸바시야
何處在乎	망카릐야	
白村在	두마카릐	
彼處	아마까라	

四十二

此處		
取來	무씬지쏘	
未去		문시못바시야

제4장

「표해시말(漂海始末)」「풍속(風俗)」
「가옥(宮室)」「의복(衣服)」
「선박(海舶)」「토산(土産)」의
현대어 번역 및 주석·해설

범례

① 원문의 주 (할주의 형태로 되어 있는 것)에 해당하는 곳은 { }에 넣어 표시한다.

② 현대어 번역과 해설에서 필요하다고 생각되는 것은 ( )에 보충해서 표시한다.

③ 수석과 해설은 각주에 표시한다.

④ 원문과의 대응을 명시하기 위해, 頭注의 원문 형태로 페이지 수(한자 수)와 행 수(아라비아 숫자)를 표시한다.

예) 一3 ··· 1페이지 3번째 줄

표해록 한국어 번역

一1 표해시말 (漂海始末) (표류 경위)

牛耳　　述

一3 신유[1](辛酉 : 1801년) 12월

우이도(牛耳島){일명 小黑山島}에서 작은 배{백여섬[2] 남짓 실을 수 있다}에 탔다. 짐을 싣고 태사도(苔士島) {섬, 大黑山의 남쪽에서 수백리 떨어진 곳에 있다}에 들어갔다. 같은 배에 탄 사람은 나[3]의 작은 아버지 {이름은 호겸(好嫌)}, 문순득(文淳得), 이백근(李白根), 박무청(朴無晴), 이중원(李中原), 김옥문(金玉紋) {관동(丱童)[4]}(소년)으로 홍어 {속칭 무럼}를 사기 위해서이다.

---

1) '신유(辛酉)'는 '유구(琉球)' 상온왕(尚溫王) 7년, '조선' 순조 1년, '淸' 인종(仁宗) 가경 6년. (기계적으로 '1801년'이지만) 태음력으로는 12월이고, '태양력'으로는 1월(혹은 2월)로 되어있어서 '1802년'이 된다. 이하 같음. 또 다음을 참조.

　1816년 9월 1일은 청(淸)의 인종(仁宗)의 가경(嘉慶) 21년 7월 10일에 해당한다. (중략) 전편에 걸쳐 조선·유구(琉球)와 함께 월 일은 이 날짜를 기준으로 환산하는 것이 가능하다. (『朝鮮·琉球航海記』岩波文庫P340)

2) '곡(斛)'은 '석(石)'과 같다. 1곡(斛)은 10두(斗). 1두(斗)는 10승(升). 1승(升)은 10홉(合).

3) 번역자註 표류한 체험자, 당시 우이도에 유배와 있던 정약전이 표류담을 받아적게 된다.

4) 번역자註 머리를 2가닥으로 쌍상투처럼 묶은 어린 남자아이.

一6 임술(壬戌 : 1802년) 1월 18일

닻줄을 풀고(배를 내어서), 소흑산(小黑山)으로 향해 돌아갈 때, 변도(弁島) {대흑산(大黑山)과 태사도(苔士島) 사이에 있다. 속칭 곡갈이라 부른다}에 도착하자마자 갑자기 북서쪽에서 부는 강풍과 만났다. 바람에 몰리게 되어 소흑산(小黑山)의 남서쪽 수십리 정도 떨어진 곳에서 남쪽으로 흘러갔다. 조도(鳥島) {섬, 진도(珍島)의 서쪽에 있다. 흔히 새암[5]이라고 한다}가 멀리 보였다. 가까이 가려고 했지만 앞으로 나아가지 않았다. 주변은 큰 바다(大海)로 산도 하나 보이지 않았다. 날은 또 저물었다. 밤도 깊어졌지만 바람의 기세는 약해지지 않았다. 오경(五更)(일몰에서 새벽까지의 시간을 다섯 개로 나눈 다섯 번째 시간) 시각에 키가 꺾이고 돛이 펴지지 않았다. 그래서 돛대를 넘어뜨려, 배 끝에 연결하여 키 대신으로 하고 가는 데로 내맡겼다. 동틀 무렵 남동쪽에 큰 산이 멀리서 보였다. 뱃사람이 "저것은 제주도다"라고 말했다. 보이지만 가까이 갈 수는 없었다.

二3 (1월) 24일

동풍을 만나, 돛을 펴고 제주도로 향하였다.

二4 (1월) 25일

제주도의 서쪽에 이르렀지만, 또 다시 북서풍을 만나 남동쪽으로 떠내려갔다.

---

5) 즉 '새섬'으로 대흑산도와 상태도(上苔島) 사이에 있는 작은 섬이다.

二5 (1월) 29일

새벽녘, 하나의 큰 섬이 남동쪽에 있는 것이 보였다. 오시(午時)[6] 쯤 되었다. 조금 가서 닻을 내리고 배를 세웠다. 갑자기 여섯 일곱 명의 사람이 작은 배를 타고 가까이 오는 것이 보였다. 우선 물을 주고 이어서 죽을 주었다. 마침 3일이나 먹지 못했기 때문에 그 기쁨은 이루 말할 수 없었다. (여기는 어디인가) 물어보니 유구국(琉球國)[7] 오시마(大島)라고 하는 곳이었다{유구(琉球)는 현재 중산(中山)이라고 한다}.

二8 2월 2일

배로 50여리 정도 가서, 양관촌(羊寬村)[8] {大島의 일부}에 상륙했다. 움막 한채를 엮어서 그 곳에 있도록 했다. 문밖에 또 하나의 움막이 있고 8명이 (이것을) 지키고 있었다.

二10 3월 20일

배로 섬을 따라 100여리 정도 가서 우금촌(于禽村)[9] {大島의 땅} 앞에 닿았다.

三1 (3월) 29일

배로 덕지도(德地島)[10]를 지났다. 다음날 양영부(洋永府)[11]를 지나,

---

6) **번역자註** 십이시의 일곱째 시. 오전 11시부터 오후 1시까지의 동안.
7) **번역자註** 지금의 일본 오키나와(沖繩)
8) 양관촌(羊寬村)은 지금의 요로시마(輿路島)인 것 같다. 田畑千秋 아마미(奄美) 박물관 주임 학예원에게서 정보를 얻었다. 주9), 주10), 주11), 주12)도 같음.
9) 지금의 우케시마(請島)인 것 같다.
10) 지금의 도쿠노시마(德之島). 한국 한자음이 '地'와 '之'가 같으므로 '地'를 사용한 것으로 보인다.

입사도(立沙島)[12]에 도착했다. 바람 때문에 4일간을 머물렀다.

三3 4월 4일

백촌(白村)[13] {대도(大島)에서 1,500리, 왕도(王都) 수리부(首里府)에서 10리}에 도착했다. 통역[14]하는 사람이 와서 사정을 물었다. 우리나라 말을 비교적 잘 할 줄 알았다. 움박 하나를 엮어서 (우리의) 머물 곳으로 정했다. 사람마다 매일 쌀 한 되 다섯 홉과 채소 여러 그릇을 주었다[15].

---

11) 에라부지마(永良部島)인가. '府'와 '部'는 한국어 음이 같음. '永'과 '良'의 위치를 바꿔서 '良永部'로 하면 '洋永府'와 같은 발음이 된다.

12) 요로시마(與路島)인가. 與論島에 '立長'이라고 하는 지명(集落)이 있다(廣島大學 교육학부 町博光 교수에 의함).

13) 白村는 지금의 '도마리무라(泊村)'임에 틀림없다. '수리(首里)에서 10리'가 그것을 뒷받침한다.

14) 이 시기에 '유구(琉球)'에 조선어 통역(관)이 있었다고 하는 기술은 주목할 만하다. 그들이 사용한 교과서류가 존재했을거라 생각되므로 그 출현을 기대해보고 싶다. 덧붙여 『漂民對話』, 『韓語訓蒙』와 같은 한국어 학습서가 있었다고 한다.

15) 『琉球評定所記錄』안에 '日本他領之船漂着之時 御用帳'(雍正元年乃至十三年 等 千七百七十)이 있다. 이것에 근거한 대우를 받았다고 생각된다. 아래에 관련 부분을 인용한다.

> 一, 介抱方之儀左之通相渡し度候間品立
>   書付證書を以首尾申來候情を御在番
>   所江茂御屆申上候事
>   但自分ニ取揃仕候品ハ相渡不申例ニ□
>   覺
> 一, 中白米七合五勺   一, 上味噌七勺五才
> 一, 醬油三勺   一, 酢三勺
> 一, 鹽三勺   一, 肴八拾目
> 一, 野菜百目   一, たはこ五匁
> 一, 薪木
>   右壹人ニ付一日分
> 一, 中茶   一, 炭

돼지고기는 하루 걸러 주었다. 여름옷도 주었다. 병이 나면 의원이 와서 진찰하고 약도 주었다.

三7 10월 7일

배를 띄워서 중국[16])으로 향했다. 세척이 동시에 출항했다. {두척에는 유구조경(琉球朝京)[17])의 사람을 태우고, 한 척에는 우리나라 6명, 복건(福建) 천진부(川津府) 동안현(同安縣)에서 바람에 조난당한 32명, 유구(琉球) 사람 60명을 태우다}. 마치산도(馬齒山島)[18]) {白村에서 400리}에 도착해 10일을 머물렀다. 생각하건대 유구(琉球) 사람들이 이 산에 와서 기도를 하는 듯하였다. 그래서 오래 머물러 좀처럼 앞으로 나가지 못하였다.

　　一, 菜種子油五勺
　　　　右幾人ニ付一日分
（「어용장(御用帳)」표제이하 70매 중, 9페이지 8행~10페이지 5행. 옹정(雍正) 원년은 1723년）
16) 표류민의 본국 송환에 대해서 渡口眞清(1975)와 宮田俊彦(1984)에서 인용을 해 둔다.
　　渡口眞清(1975) : 막부의 쇄국령에 의해 일본의 영역(琉球도 포함)에 오는 배는 모두 長崎에 보내도록 되어있었다. (중략) 大島 지방에 오는 唐의 배도 1696년부터는 長崎에 보내지 않고, 나하(那覇)를 거쳐 푸저우시(福州市)에 보내도록 되어있다(p.436).
　　宮田俊彦(1984) : 표류조선인은 유구(琉球)에서 撫卹安揷한 후에 푸젠(福建)으로 보낸다. (중략) 송환은 琉球에서의 進貢·接貢船에 태우는 경우가 많고 인원수도 대개 10명 전후이다(p.163).
17) 바로 1년 전 (아마 같은 장소에서), 冊封使 李鼎元들이 귀국길에 올랐다. 그것에 대한 謝恩使를 가리키던지 혹은 進貢·接貢사람들인지 지금의 자료만으로는 명확히 할 수는 없다.
18) 汪楫 『使琉球雜錄』(1683년)에 나타나는 「馬齒山島」는 「게라마쇼토(慶良間諸島)」에 비정된다(『角川日本地名大辭典 47 沖繩縣』(p.1152). 다만 「白村」(泊村)에서 400리 정도의 곳이라는 것이 맞다고 하면 미야코지마(宮古島)주변에 해당할 것이다. 여기에 10일이나 머물렀다는 것은 2가지 가능성을 생각할 수 있다. 하나는 바람을 기다리는 것이고, 하나는 (일정이 짜여져서) 항해안전기원이다. 게라마쇼토섬에도 미야코섬에도 각각 拜所(번역자 주 : 오키나와 지방에서 신을 배례하는 장소)가 있었다(『琉球國由來記』참조).

三10 (10월) 16일

(겨우) 배를 띄웠다.

四1 (10월) 17일

서풍을 만나, 어디로 가는지도 모른 채 떠내려갔다. 10여일 정도 지나 또 동북풍을 만났다.

四2 11월 초1일

여송(呂宋)[19]의 서남마의(西南馬宜)[20]라는 땅에 도착하여 처음으로 닻을 내렸다. 유구인(琉球人)과 중국인(華人) 15명이 물을 길어오기 위하여 상륙했다. 다음날 아침 겨우 돌아왔는데 6명이 없어졌다. 물으니 토착인들에게 붙잡혔다고 하는 것이었다.

四5

여송(呂宋)의 동북쪽에 섬[21]이 다섯개 있었다. 배로 13일 가니 그것을 볼 수 있었지만, 그 풍속을 알지 못해서 구태여 가까이 가지 않았다.

四6 (11월) 12일

배를 타고 남쪽으로 하루를 가서 한 곳에 도착했다 {지명은 모른다}. 머문지 5일. 물을 긷고 옷을 빨았다. 다시금 하루를 타고가서 일로미(一

---

19) 번역자註 필리핀 루손 섬
20) Cabugao(카브가오)시의 서쪽(해안선에서 약 1Km의 곳)에 Salomague라고 하는 섬이 있다. 이것이라고 생각한다. 「言語」에는 「西南馬宜 셔람마기」가 있다.
21) 바부양제도(Babuyan Islands)로 보인다. 바부양제도는 필리핀 북부의 루손 섬 북쪽 루손해협에 있는 섬들이다.

咾呢)22)에 닿았다.

四8

일로미(一咾呢)에는 복건(福建) 사람 수 십호가 거주하고 있었다 {말리라(末利羅)23)는 여송(呂宋)의 한 지명. 일로미(一咾呢)에서 3일 정도의 거리. 여기에도 복건(福建) 사람 3천호가 살고 있다고 한다}. 복건(福建)에서 풍난(風難)을 만난 사람들은 도착했을 때부터 유구인(琉球人)에게 불친절한 대우를 받고 있었다. (그래서) 일로미(一咾呢)에 도착하자, 스스로 일로미(一咾呢)에 살고 있는 같은 복건(福建)성의 사람들에게 의탁해서 집을 빌리고 사는 곳을 따로 하여, 돈도 빌리고 먹을 것도 마음대로 하였다. 또 우리들을 불러들여 같이 살게 하였다. 생각컨대 이것은 나중에 유구인(琉球人)에게 높은 대가를 지불하게 하여 보복하려고 하는 계략이었던 것 같다. 유구인(琉球人)에게 겉말로 다음과 같이 말하였다. 여송(呂宋)에서는 난민에게 하루 소 한 마리를 잡아 줄 정도로 친절하게 대접한다고 하니 유구인(琉球人)은 처음에 이 말을 믿었지만 나중에 (그것은 거짓이라고) 깨달았다. 이를 그만 두게 하려 했지만 복건인(福建人)에게는 여송(呂宋) (같은 성 사람)의 도움을 받고 있기 때문에 이 명령은 실행되지 않았다. 나중에 (소를) 죽이는 것을 조금 줄였지만 박한 식사는 하지 않았다. 우리는 복건인(福建人)에게 의탁하여 같은 집에 살고 식사도 함께 하였다 {나중에 과연 (여송(呂宋)에 사는 복건인(福建人)이) 대은전(大銀錢)24) 600냥을 유구인(琉球人)에게 요구하였다}.

---

22) 일로미(一咾呢)는 이로코, 이로카노(Iloko, Ilokano). 「언어」에는 「一咾呢 일노코」가 있다.

23) 말리나(末利羅)는 마닐라(Manila). 「언어」에는 「福建人所居里 말니라」가 있다. 또 「王都 방아시나」가 있다.

24) 「언어」에는 「大銀錢直銅錢八十文 비슈」가 있다. PISOS(페소)이다. 600페

五5 癸亥(1803년) 2월

유구인(琉球人)이 배로 출발하기를 요청하였다. 복건인(福建人)은 4월이 되어야 비로소 남풍이 부는데 그때까지는 순풍이 아니니 가면 안된다고 말하였다. {유구인(琉球人)은 오래 체재하면 그만큼 비용이 많이 들므로 그것을 중시하여 빨리 출발하려고 한 것이다. 복건인(福建人)은 끼니도 문제없고 아무런 걱정이 없으므로 만전을 기하려고 했던 것이다. 또 함께 배를 탄 뒤로 유구인(琉球人)이 (복건인(福建人)이 유구인(琉球人)을) 속인 것을 책망하지 않을까 두려워하였던 것이다. 그래서 의견이 맞지 않았다}. 유구인(琉球人)은 협박하기도 하고 권유하기도 하였다. (그 결과) 복선인(福建人) 5명과 조선인 4명{나의 숙부, 이백근, 박무청, 이중원}이 우선 배로 갔다. {배가 출발하는 곳은 숙박했던 곳에서 10리에 있다.} 유구인(琉球人)이 다시 와서 남은 사람들을 독촉하였지만 복건인(福建人)은 (출발을) 강력하게 거부하고 10일 동안이나 서로 버티었다. (결과) 유구인(琉球人)은 아무 말 없이 가버렸다. 다음날 들었는데 유구(琉球)의 배는 이미 출발해 버렸다고 하였다.

내가 생각하건대 유구인(琉球人)은 국(왕)명을 받아 우리 조난 당한 사람을 구하였다. 9명이 배를 탔다고 해도 남은 사람이 아직 27명이나 있다 {복건인(福建人) 25명, 조선인 2명}. 그가 유감스럽고 불쾌한 기분을 품고 있다고 해도 설마 (남은 사람들을) 버리고 먼저 가버릴 수는 없다. 때문에 의논 결과가 정해지는 것을 기다려보고 모두를 따라 가든지 머물든지 하려 하였다. 일찍 이렇게 될 것을 알았다면 비록 유구(琉球)의 배에서 죽더라도 어찌 숙부를 따르지 않았겠는가? 매우 위험한 상태에서 겨우 빠져나왔다고 생각했는데 부자(숙부와 조카가)가 뿔뿔이 흩

─────────────

소나 요구한 것이다.

어지고 홀로 (소년인) 옥문(玉紋)을 맡은 내 심정은 어떠했겠는가 (불안했던 것) {유구(琉球)의 배가 출발한 것은 3월 16일이었다(라고 한다). ○돌아와서 들으니 이미 숙부는 갑자년(甲子年)(1804년) 3월에 귀국했다고 한다}.

六5

남은 27명은 이미 (타고 가야할) 유구선(琉球船)를 잃었으니 이곳에 머물 수 밖에 없었다. 앞으로 끼니를 이을 가망도 없다. 여기에 한사람의 수도인(학문, 기예를 몸에 익힌 사람)이 있었다. 원래는 중국인(華人)이지만, 이 땅에 와서 3대째라고 한다. 매우 풍족한 생활을 하고 있었다. 채선생(蔡先生) {중국인으로 여기에 사는 사람. 복건인(福建人)의 주인(地主, 雇主)이 된다.}의 주선으로 쌀 50루(蔞)25) {1루는 10말}를 받고, 또 (다른 곡류) 20루(蔞)를 받았다. 또 적지 않은 액수의 돈(銀)도 받았다. 다른 사람들도 역시 쌀과 고기 등을 주어서 그것으로 먹을 수 있었다 {걸(乞)26)의 음(音)은 기(気)이다}.

六9

이곳 사람은 끈을 꼬는 기술은 모르지만 연날리기를 좋아한다. 면사(綿絲)와 포사(布絲) {나무껍질로 마(麻)의 일종. 이곳 사람은 이것으로 베를 짠다}를 사서 끈을 꼬아 팔아서 담배와 술을 사는 비용에 충당하였다. 옥문(玉紋)은 매일 땔나무를 베어서 팔았다.

---

25) 「루(蔞)」는 「대바구니」. 「1루(蔞)는 10두(斗)」이므로 꽤 많은 양의 쌀이다.
26) 걸(乞)의 발음은 「氣」와 같다. 그야말로 한문의 「迄」이다.

七1   5월

광동(廣東)의 상선(商船)이 왔다 {여송(呂宋) 사람으로 광동(廣東) 오
문(澳門) (마카오)에 살고 있는 사람인데 여송(呂宋)에 가서 장사한다}.
8월 관(官)으로부터 명령을 받고 상선에 우리를 태워 광동(廣東)으로 보
냈다.

七3   8월 28일

배를 띄웠다. 뱃사람이 노임을 요구했기 때문에 대은전(大銀錢) 12
(12페소)를 지불했다. 밥은 스스로 해 먹었다.

七5   9월 9일

광동(廣東) 오문(澳門)에 도착했다 {향산현(香山縣)의 땅으로 서남 지
역의 선박의 집합지이다. 여송(呂宋)의 서양인(西洋人)이 수만호 살고
있다. ○토지가 좁고 사람은 많다. 민가(民家)는 지붕위에 다시 지붕을
지어 (즉 2층 3층 건물 등) 올리고 있다. 광동(廣東)의 성(城) 안도 마찬
가지다}. 오문(澳門)에는 관청이 하나 있다. 생각하건대 변방을 기찰(譏
察) (죄 등을 상세하게 검문 조사하는 일) 하고 손님을 접대하며 상인에
게 세금을 징수하는 직무인 듯 하였다. 11일 나를 불러서 바람에 조난당
한 사정을 묻고 바로 공관에 머물게 하고 크게 대접을 하였다.

七9   12월 7일

길을 떠나다 {가마에 탔다. 가마를 끄는 두 사람 뒤에 각각 두 사람이
따르고 호송관이 뒤를 따랐다}. 저녁 무렵 향산현(香山縣) {오문(澳門)
에서 120리)에 도착하여 3일을 머물렀다 {의복 일습(一襲) (상하가 갖추
어진 의복 한 세트)을 내려 주었다}.

八1 (12월) 11일

길을 떠나 성(城)을 나가서 배를 탔다 {양쪽 해안에는 석조(石造) 집이 많다}. 3일 후에 광동부(廣東府)[27]에 도착하였다.

八2 (12월) 13일

총독부(總督府)[28]에 들어가 남해현(南海縣)으로 나와 오관(粵關) {관왕(關王)[29]과 천후(天后)[30]의 사당이 있다}에 숙박하였다. 대접은 오문(澳門)에 미치지 못하였다.

八4 1일

어느 날 그 지방 사람이 이국인(異國人) 두 사람을 데리고 방문하였다. 이국인은 스스로 "우리들은 안남(安南) 사람이다"라고 말하고 또 고려(高麗)의 풍속은 좋지 않다고 말했다. 내가 무슨 까닭이냐고 물으니 다음과 같이 대답하였다.

(八5)

가경(嘉慶) 6년 {신유(辛酉)}(1801년), 오문(澳門)을 왕래(來住)하는

---

27) 번역자註 지금의 광주(廣州).
28) 청대(淸代)에 한 성(省) 또는 여러 성(省)의 민정·군정을 담당하는 지방장관이 사무를 보는 곳.
29) 관왕의 사당(関王祠)는 관제묘(關帝廟). 관왕(關王)을 무신(武神) (후에 財神)으로 각지에서 제사지낸 사당. 무제묘(武帝廟)라고도 한다.
30) 천후(天后)는 해신(海神)의 이름. 天妃라고도 한다. 항해에 관계하는 사람들은 모두 이것을 모신다. 책봉사(冊封使)도 도중에 정성드려 기도한다. 예를 들면 李鼎元 『使琉球記』(1802년)에도 다음과 같은 내용이 있다.(번역문은 原田禹雄(1985)에 의한 것이며, 한국어는 역자가 번역).
　嘉慶五年(1800)………天后宮に詣でて(천후궁에서 참배하고)…
　(嘉慶六年) 十月二十七日……………天后に祈った。(천후에게 빌었다.)…

여송인(呂宋人)과 함께 장사를 했다. 30명이 동선하여 가다가 바람을 만나 조선지방의 어느 큰 섬 {제주를 가리키는 것 같다} 에 닿았다. 다섯 사람이 물을 길으러 막 육지에 올라갔는데 섬사람에게 해(害)를 당했다 {의도를 모르기 때문에 '해'라고 말해둔다}. 우리들은 놀라고 두려워서 닻을 올려 도망쳤다. 일본지방에 도착했지만 다른 사람은 전부 익사하고 우리 두 사람만이 살아남았다. 일본에 부탁하여 호송되어 남경(南京)에 이르러 그곳에서 방향을 바꿔서 여기에 도착하여 본국으로 돌아갔다고 말하였다.

(八9)

내가 생각하건대 신유(辛酉) (1801년) 11월, 집에 있을 때 들은 것이 있다. 배 한척이 제주도에 와서 다섯 사람이 상륙하였다. 사정을 물으려고 붙잡았더니 뱃사람들은 닻을 펴고 다섯 사람을 버리고 도망갔다. 다섯 사람은 옻칠을 한 것 같았다(검었다). 말도 문자도 통하지 않아 어느 나라 사람인지도 알지 못하였다. 안남인(安南人)이 말하는 것은 분명 이 일임에 틀림없다. 의주(義州)에 도착하여 통역관에게 이 이야기를 물으면 틀림없이 진실을 알 수 있을 것이다. 그 사람은 항상 관동(廣東)・마카오라고 말했다. 여송인(呂宋人)은 관동(廣東)을 부를 때에 중국어에 따른 것이고, 오문(澳門)은 마카오라고 말했다 {언어를 보라}. 이것이 첫번째 증거이다.

(九5)

그 사람의 얼굴은 옻칠을 한 것 같았는데, 여송(呂宋)에도 간혹 (얼굴이) 옻칠을 한 것 같은 사람들이 있다. 오문(澳門)에 사는 사람도 마찬가지이다. 이것이 두번째 증거이다.

(九6)

그 사람들은 아이들을 윗사람처럼 대우한다. 식사할 때나 말을 탈 때나 아이가 먼저 하지 않으면 다른 사람은 (그 행동을) 하지 않는다고 말하였다. 여송(呂宋)의 풍속으로 신분이 높은 사람의 머리는 모두 뒤로 늘어뜨려 아이처럼 하고, 검고 두껍게 짠 비단 천으로 묶고 있다. 이것이 세 번째 증거다 {생각컨대 이국(異國)에 가면 그곳 실정에 밝지 못하다. 그러나 지식(知識)이 있는 사람은 반드시 지도(指導)한다. 따라서 신분이 높고 지식이 있는 사람은 금방 붙잡히고 마는 것이다}.

(九9)

그 사람들의 머리카락은 양털(꼬불꼬불하다)과 같다고 하는데, 얼굴이 검은 여송(呂宋) 사람은 모두 머리카락이 양털과 같다. 이것이 네 번째 증거다.

다섯 사람이 해를 입은 까닭에 (다른 사람은) 도망쳤다는 이야기가 당시의 일과 맞다. 이것이 다섯 번째 증거이다.

(十1)

시흥(始興)31)에 도착하여 제주도 사람을 만났는데 그 사람이 말하기를 그 사람들(의 옷)에는 겨드랑이32) 밑에 주머니 {의복에 보인다}가 있어 은으로 만든 뚜껑이 있는 그릇(용기)을 넣어두며, 머리에는 등나무

---

31) 현(縣)의 이름. 현재 광동성(廣東省) 남웅현(南雄縣)의 남서.

32) 「衣服」항목에 「被下周圍作囊」(22페이지 9행) 이 있다. 또 「언어」항목에 「囊밋씽」이 있다. 다만 이것은 「유구(琉球)」의 예(例)에 적혀있다. 「여송(呂宋)」의 예에 있어야 할 것 같다. 마찬가지로 「의복(衣服)」에 「冠………常人以藤結成」이 있다. 또한 「見衣服」「見言語」등 이라고 하는 注記는 「編集」 후를 엿보게 한다.

샷갓 33) {의복에 보인다}을 쓰고 있다고 한다. 이것은 여송(呂宋)의 풍속이다. 이것이 여섯 번째 증거다. 외국에서는 우리나라와 달라서 중국, 안남(安南), 여송(呂宋) 사람들이 서로 서로 같이 살며 같은 나라 사람들과 다름없이 함께 장사를 한다. 하물며 안남(安南)과 오문(澳門)은 그리 멀지 않으므로 같은 배를 타고 함께 장사를 하는 것은 그리 이상한 일이 아니다.

(十4)

아아, 더디어 동쪽에서 서쪽으로 가는가 {우리나라에서 그 사람들을 심양(瀋陽)34)으로 보냈는데 다시 돌아 왔다고 한다}. 절실히 원하는 것은 생환의 희망이 있는 것. 수레를 돌려서 동쪽으로 향하다니.

(十6)

(그들의) 입속에서는 늘 광동(廣東) 마카오(馬哥外)35)가 끊이지 않았다. 광동(廣東) 마카오(馬哥外)는 분명히 이 하늘 아래에 있고 그곳에는 기천만(幾千萬)의 화동인(華東人)들이 무리를 지어 많이 살고 있는데, 결국 다시 제주도에 갇히게 되었으니 이 사람들은 이 때 어떤 심정을 품고 있었던 것일까.

(十8)

내가 유구(琉球)에서 나와 다시 표류 하였을 때, 나도 모르게 이 사람

---

33) "머리에는 등나무 샷갓"에 대해서는 주)32 참조.
34) 중국 동북부 요령성(遼寧省)에 있다. 원래는 봉천(奉天). 청(淸)의 태조가 수도를 이곳으로 옮겨 성경(盛京)이라고 했다. 또한 이 '5명'이 어떻게 되었는지에 대해서는 (46)에서 다룬다.
35) 중국 광동성 마카오.

들 때문에 한없이 눈물을 흘리며 울었다. 그렇기 때문에 내가 표류하며 떠돌기를 3년, 여러 나라의 은혜를 입어 고국에 살아 돌아올 수 있었을 때는 더 이상 말할 것도 없다. 그러나 이 사람은 아직 제주도에 있으니 안남(安南), 여송(呂宋)의 사람이 우리나라를 어떻게 생각하겠는가. 정말 부끄러워서 식은 땀이 솟는다.

十一2   갑자(甲子) (1804년) 3월 27일

배로 앞으로 나아가길 11일 {1,178리를 가다}, 남웅부(南雄府) 보창현(保昌縣)에 도착했다 {호송관 강걸(康傑)이 뒤를 따랐다}.

十一4   4월 초5일

매령(梅嶺)[36]을 넘어 {오령(五嶺)의 하나, 가마를 타고 125리를 가다} 강서계(江書界)로 들어가, 남안부(安南府)에 숙박하였다.

十一6   (4월) 초6일

배로 가길 3일, 강주부(康州府)에 도착하여 등왕각(勝王閣)[37]에 올랐다 {폐옥(廢屋)이 3, 4채 드문드문 있어 매우 쓸쓸하다}.

十一7   (4월) 초9일

배로 가길 4일, 강서부(江西府)에 도착해서 하루를 머물렀다.

---

36) 강서성(江西省) 녕도현(寧都縣)의 북동. 일명 수령(修嶺).

37) 번역자註 등왕각(勝王閣)은 강서성(江西省) 남창부(南昌府) 신건현(新建縣)에 있으며 경관(景觀)이 수려(秀麗)한 곳으로 당고조(唐高祖)의 아들 원영(元嬰)이 홍주(洪州)의 도독(都督)일 때 세웠으며 양자강에 면하고 있다.

十一8 (4월) 14일

배로 가길 6일 째, 남경(南京) {성 둘레가 220리라고 한다}에 도착했다.

十一9 (4월) 20일

배로 가길 50리, 상원현(上元縣) 금능(金陵)에 도착하였다 {남경(南京)에서 금능(金陵)에 도착하였다. 도중에 배로 경성(京城)에 들렀다}. 초패왕(楚霸王) 관왕사(關王祠) 연자기비(燕自己碑)를 구경하였다 {비(碑)는 산 정상에 있다}.

十二1 (4월) 21일

큰 강(양자강(陽子江)) {폭이 110리}을 건넜다. 그곳에서 또 배로 가길 20리, 무호현(蕪湖縣)에서 묵었다 {양자강을 건너서 조거(漕渠)[38]를 통해 호수로 들어갔다. ○ 현(縣)의 성(城) 밖의 조거 양쪽 언덕에는 판교(板橋)[39]를 설치하였는데 배가 지나갈 때는 치우고, 배가 지나가지 않을 때는 설치하여 둔다}.

十二3 (4월) 22일

배로 가길 60리, 양주부(楊州府)에서 묵었다 {주(州)의 성(城) 밖에는 주교(舟橋)[40]가 설치되어 있다. 배가 지나갈 때는 이것을 연다}.

---

38) **번역자註** 짐을 싣거나 풀거나 할 때, 배를 들여대려고 파서 만든 깊은 개울.
39) 판교(板橋)는 성문 등에 마련하여 안 쓸 때는 들어올려 달아매어 놓는 다리이다.
40) 배다리(舟橋)로 배를 여러 척 (옆으로) 나란히 세워, 그 위에 판자를 두고 다리처럼 쓰는 것이다. 배가 지날 때는 (그 부분을) 이동시켜서 통로를 연다.

十二4 (4월) 23일

배로 가길 4일, 삼보(三甫)를 지났다 {양주(楊州) 이후부터 배는 운하를 통해서 간다. 양안(兩岸)은 석축으로 제방을 쌓았다. 제방 밖의 밭[41]은 반대로 수평면보다 수십자 아래에 있다. ○운송선은 모두 운하를 통해서 지나가는데 병사들이 배를 끌었다}.

十二6 (4월) 26일

삼보(三甫)에서 육로로 {가마를 타다} 5리를 가서 사도(沙島)를 건넜다 {폭 20리, 아마 황하(黃河)와 준하(准河)와 합류하는 지점이라고 생각한다}. 회음관(淮陰館)에서 묵었다.

十二8 (4월) 27일

수레를 타고 간지 300리, 산동(山東)과의 경계에 들어갔다.

十二9 5월 19일

황성(皇城)[42]에 도착 하였다.

十二10 (5월) 20일

순천부(順川府)[43]에 가서 곧바로 대흥현(大興縣)에 도착하여 3일을 머물렀다.

---

41) 천정천(天井川)으로 강바닥이나 냇바닥이 주위의 평지보다 높은 내나 강.
42) 황거(皇居), 궁성(宮城).
43) 명나라 영락(永樂) 초에 북경을 세워 순천부(順天府)라고 했다. 일반적으로 明代의 명칭으로 북경이라고 한다.

十三1 (5월) 22일

예부(禮部)44)를 배알(拜謁)했다. 또 통역관를 따라가 고려관(高麗館)에서 머물렀다.

十三2 9월 28일

우리나라의 황력재자관(皇曆賚咨官)이 경(京)에 도착하였다.45)

十三3 11월 초4일

수레를 타고 출발하였다.

十三4 (11월) 24일

책문(柵門)을 지났다.

十三5 (11월) 27일

의주(義州)에 도착하였다.

十三6 13월 16일

경도(京都)46) (서울)에 도착하였다.

---

44) 6부의 하나. 예의·제사·관사의 시험 등을 관할했다. 장관은 예부상서(禮部尙書)라고 한다.

45) 「재(賚)」는 「재(齎)」와 같은 자이다. 황력(皇曆) 재자관(齎咨官)은 해마다 중국에서 황력(皇曆)과 자문(咨文)을 받아오기 위하여 파견하는 벼슬아치이다. 자문은 조선 국왕과 명나라·청나라의 6부(六部) 관아 사이에 오고간 조선시대 외교문서. 조회·통보·교섭 등을 목적으로 왕래한 문서. 따라서 「到京」「盛京(중국 심양(瀋陽)의 옛 이름)에 도착했다」로 해석했다.

46) 이 사이에 국왕(순조)에게도 배알한 것으로 생각된다.
『南平文氏大同譜』8권의 591페이지에 다음과 같은 기록이 있다.(사진2 참조)

　　　子淳得
　　　　字夫初
　　　正廟丁酉生丁未四月卄七日卒
　　　贈嘉善同知中枢府事
　국왕을 만나기 전 수속으로 '관직'을 부여했던 것으로 생각된다. (「正廟의 「正」은 李朝 22대왕 「正祖」를 뜻함. 「廟」는 '一國의 정사를 집행하는 곳'이므로 「正廟」는 「正祖王治世(時)」를 의미하는 것이 된다. 「嘉慶」은 '좋은 일, 좋은 사람'의 뜻. 「同知中樞府事」는 「中樞府」의 종2품의 관직. 「中樞府」는 이 시기에는 일정한 사무가 없는 「堂上官」의 관직이 되었었다.)
　또, 『조선왕조실록』(순종 9년 6월 조)에 다음과 같이 있어 이 것을 뒷받침한다.
　　　(前略)羅州黑山島人文順得漂人呂宋國見該國人
　　　形貌衣冠其方言(後略)
　또 이 기록은 책 「표해시말」에도 등장하는(원문 8페이지 5행), 「신유(辛酉)」해(1801년)에 제주도에 표착하여, 「害」를 당한 5명의 여송인(呂宋人)에 대해 기술된 대목으로 나온 것이다. 「5명의 여송인(呂宋人)」에 관한 대목을 표시한다.

　　　○乙卯命呂宋國漂人移咨盛京送還
　　　本國先是辛酉秋異國人五名漂到濟
　　　州而鴃舌鰲牙莫辨魚魯寫其國名只
　　　稱莫可外未知爲何國人移咨人送于
　　　盛京壬戌夏自盛京禮部亦未能確○
　　　何國回咨還送而一名在塗病故矣命
　　　姑留該牧給公廨繼粮饌使之習風土
　　　通言語其中一人又故只餘三名至是

　그리고 「羅州黑山島人文順得」으로 계속된다.
　「신유(辛酉)」부터 수년간 제주도에 유치되어있었던 것이다(도중에서 심양까지 끌려간 끝에). 문순득(文淳得)이 서울에 도착했을 때는 물론, 집에 도착한 뒤에도. 그 동안 사정을 알고, (문순득은)「而此人尙在濟州(이 사람들은 아직 제주도에 있으니)」(원문 10페이지 10행)라고 말한 것을 알 수 있다.
　「移咨人送于盛京」「壬戌夏咨盛京…回咨還送」이란 기술과 「漂海始末」의 「自我國送其人于瀋陽而復還傳 (우리나라에서 그 사람을 심양으로 보내고 또 돌아온다)」(원문 10페이지 5행) 라고 符號한다. 문순득(文淳得)이 「시흥(始興)」에서 「제주 사람」과 만난 것은 「癸亥」(1803년) 12월이다.

十三7　(12월) 30일

다경포(多慶浦)[47]에 도착하였다.

十三8　乙丑 (1805년) 1월 1일

배를 탔다.

十三9　(1월) 초8일

집에 도착하였다.

十五1　풍속 (風俗・習慣)

十五2

유구인(琉球人)은 윗사람과 동년배의 사람과 만났을 때 일어서지 않고, 꿇어앉아 합장하고 머리 숙여 엎드린다. 앉을 때는 반드시 꿇어앉는다. 당하(堂下)(地上)에서 당상(堂上)(마루 위)의 사람에게 인사를 할

덧붙여, 「盛京」이라는 것은 「瀋陽」이다.

또, 『通文館志』에 다음과 같이 있다.

　　○全羅道黑山島民文順德等四人漂到琉球國給與衣粮
　　轉解北京順付年貢使帶回
　　(通文館志 11권 紀年續編五 「純宗大王四年甲子」)

『通文館志』는 조선 숙종(19대, 1674~1720)시대에 김경문(金慶門)이 엮은 고래조빙응대(古來朝聘應對)의 사실을 기록한 책. 정조(22대, 1776~1800)때에 나라에서 간행, 고종(26대, 1863~1907)의 80년(1881년)에 중간. 12권 16책.

47) 번역자註 조선후기 당시 전라에서 흑산도로 출발하는 곳은 무안 다경포(多慶浦)였다.

경우는 정중하게 절을 한다.

十五4

남녀가 모여 함께 앉아 즐겁게 이야기하는데, 비록 신분이 높은 사람의 부인이라도 분별하지 않는다 {다만 함께는 앉지 않는다}.

十五5

어느 날 통역하는 사람이 한 집48)으로 (나를) 데리고 갔다. 발을 내리고 차와 담배로 접대해 주었다. (몇몇 사람이) 접대해 주었던 남녀의 옷차림이 멋졌다. 그 이유를 물었더니 대상관(大上官)49) {존관(尊官)}의 처가 우리들을 보고 싶다 (우리들을 만나고 싶다) 라고 하는 것이었다.

十五7

다른 사람들과 음식을 먹을 때는 젓가락으로 먹을 것을 집어서 이것을 손바닥에 놓고 입에(빨아들이듯이) 넣는다50) {젓가락이 입에 들어가 더러워지는 것을 싫어한다. ○일본도 같다}.

十五8

사람이 죽었을 때는 시체51)를 꿇어앉혀서 매장하기 전에 잠시 동안 간관(間棺)에 넣어둔 채로 안치한다. 이거(輀車)52)(상여차), 삽선(翣扇)53)

---

48) 「궁실(宮室)」의 항에 있는 「외유별사대빈(外有別舍待賓)」(원문 19페이지 10행)은 이곳의 「유일당(有一堂)」을 가리킨다고 생각한다.

49) 「언어」에 「大官 대상꽝」이라고 있다.

50) 음식을 나누는 젓가락을 사용하지 않기 때문일 것이다.

51) 무릎을 꺾어 구부려 관에 넣는다. 그것을 「좌(坐)」라고 표현 한 것이다. 「굴장(屈葬)」을 실현한 듯하다.

{금 장식을 했다}, 명정(銘旌)54) 등, 또 여러 사람이 상여를 따를 때의
예법 등이 대부분 우리나라와 같다. 여자가 상여를 따를 때는 겉을 포장
으로 둘러친다55). 앞에 승려가 한 명 있고, 방울을 가지고 이를 인도한다.
○ 한사람 한사람 각각의 석함(石函)이 있고 땅속56)에 만들어 놓았다.
위는 석회로써 봉한다. 옆에 석문(石門)57)이 (떼어져 놓여) 있다. 매장
은 관(棺)을 함(函) 속에 안치하고, 문을 닫는 것으로 종료한다. 함(函)
의 크기는 3,4間58) 혹은 5,6間으로 일족(一族)의 매장지(무덤)59) 이다.

---

52) 장례식 때 관을 싣는 장식이 달린 수레(車). 감(龕)을 가리키는 것이다.
53) 새털을 꽂아 이어 만든 관의 장식. 형태가 부채 모양과 같다. 관의 양쪽에
   장식한다.
54) **번역자註** 죽은 사람의 품계・관직・본관・성씨 등을 기록하여 상여 앞에
   들고 가는 긴 깃발.
55) '겉을 포장으로 둘러 치는 것'에 대해서 大城學 오키나와 현립 박물관 학예
   원에 의하면 요나쿠니시마(與那國島)에 같은 종류의 풍습이 있다고 한다.
   그것은 장례에 따르는 (친척의) 여성들이 (일렬이 되어) 긴 천을 늘어뜨려
   들고 허리부터 밑을 가리는 형태가 되는 것이다. 본문의 「外以布帳圍之」(밖
   을 포장으로 둘러친다)는, (다음에 서술한 예로부터 짐작하여) 천을 높이
   들고, 얼굴을 가리고 있었던 것으로 생각되며, 與那國島의 것은 그것을 변형
   한 것이라고 생각한다.
   다음의 예는 장례에 따르는 (친척) 여성들이 상복(着物)을 입고 얼굴을 가
   리는 것이다. 沖縄本島 中部地域(宜野灣市)에 거주하고 있는 타와타 토미
   (多和田卜ミ) (1921년생) 의 이야기에 의하면, 쇼와(昭和) 초(1930년대)까지
   이러한 광경을 봤다고 한다.
   덧붙여 沖縄県立博物館의 한쪽 벽에 장례식의 그림(사진)이 걸려있는데 기
   모노 차림으로 (머리는 짧게 깎고 있다) 맨발의 남자들이 짊어지는 감(龕)
   의 뒤에 기모노을 입은, 이것 또한 맨발로 보이는 사람들(여성같다)을 볼
   수 있다. (또한 Basil Hall (1818)에도 무덤에 관한 기술이 있는데 (岩波文
   庫 p.266, p.267), 장례식에 관한 이런 관찰은 없다.)
56) 석함(石函)이 땅속에 설치되어 있다는 것은 묘 속의 모양이다. 돌로 만든
   (큰) 상자(함)이 설치되어있다.
57) 출입구의 돌로 만든 덮개를 말한다.
58) **번역자註** 「間」은 집 기둥과 기둥 사이를 단위로 해서 집과 방의 크기를 나
   타내는 말인 「칸」이다.

十六3

책을 읽는 사람은 배를 땅에 대고 엎드려서 (책을) 읽는다.

十六4

자주 차를 마신다. 항상 약을 지니고 다니며 때때로 그것을 마신다.

十六5

연대(煙臺)[60]와 연통(煙筒)[61]은 매우 작다. 항상 휴대하고 있다. 목기(木器)로 길이가 6, 7촌(寸)이다. 한 쪽에는 불을 넣고, 다른 쪽에는 타호(唾壺)[62]가 붙어있다. 외출할 때는 상시 몸에 지니고 다닌다 {일본도 역시 그러하다}.

十六7

코밑수염 {입 위의 수염, 콧수염}을 깎고 턱수염을 남겨둔다. 두발은 정수리[63]를 깎고 바깥 부분은 남긴다. 전해지는 바에 의하면 밀납으로

---

59) 문중묘(門中墓)라고 말하고 싶은 것이다. 沖縄 本島 남부지역에서는 문중묘에 매장함으로 묘의 규모가 크다. 중부지역에서는 「門中」보다 작은 단위(「家」)로 무덤을 만드는 것이 보통이다. (욕심 같았으면 묘의 외관·지세 등에 대해서도 서술되어있었으면 하는 아쉬움이 있다.)

60) 원문의 「臺」는 「壺」의 오류(誤字)라고 생각된다. 「연호(煙壺)」는 향을 넣는 작은 병. 또한 연초분(煙草盆)의 종류.

61) 연관(煙管). 담뱃대.「언어」에는 「煙臺 시리」라고 있다. 이것은 「연대(煙臺)」로 「담뱃대」임에 틀림없다.『ブロッサム号来琉記』에 「그 파이프(煙管)는 매우 짧은 것으로 정말 적은 양의 담배가 들어있다. (p.83)」와 같은 내용이 있다.

62) **번역자註** 침이나 가래를 뱉는 통.

63) 서양인의 관찰은 다음과 같이 되어있다. 「머리 형태는 한 종류 밖에 없다. 겉 부분부터 긁어 올린 머리카락을 정수리에서 상투를 튼 것이다. 정수리는 깎았고, 이 상투가 딱 그 부분을 감춘다. (『朝鮮·琉球航海記』岩波文庫 p.280),

고정시켜 상투를 만든다고 한다. 위는 구부러진 고리(環)를 만들며 아래
는 남은 머리를 감아 묶고있다.

十六9

신분이 낮은 사람들은 반드시 팔꿈치 윗부분(즉 상박부)에 문신[64]을
하고 있으며 직업에 따라 다르다. 어부(漁夫)는 세 줄의 철사 모양의 문
신을 하고 있다. 여자는 손등에 문신[65]을 하고 있다.

十七1

품안에 항상 종이[66]를 가지고 있다가 대소변을 할 때 그 종이로 밑을
닦는다 {일본의 풍속이기도 하다}.

또한 주 90) 참조.

64) 『朝鮮・琉球航海記』에는 크리포드가 그린 자청도(刺靑圖)가 게재되어있다.
단지 「남자는 신체에 장신구를 하지않고 자청(문신)도 하지 않는다. 우
리가 팔에 작살(銛) 문신을 한 어부를 목격한 것은 확실하지만, 이것을
일반적인 습관이라고 말하기는 어렵다.」(岩波文庫 pp.280-281)가 있어, 이
내용의 「신분이 낮은 사람들은 모두 팔꿈치 위에 문신을 하고 있다.」와 대조적
이다.

65) 지금은 거의 보이지 않게 된 여자들의 문신에 대해서 다음 두 책에 자세히
보고되어 있다. 『沖縄の成女儀禮 −沖縄本島針突調査報告書−』讀谷村立歷史民
族資料館編, 讀谷村教育委員會發行(1982년 3월). 『宮古・八重山の成女儀禮 −
宮古・八重山諸島等針突調査報告書−』沖縄県教育委員会発行(1983년 3월).

66) 이러한 품안에 가지고 있는 종이(懷紙)에 대해서 『プロッサム号来琉記』에
다음과 같은 흥미로운 기술이 있다.
「안니야(安仁屋)는 가끔 나를 향해 이 손수건을 몇 번이나 사용해서 그것을 하루
종일 들고 다니는 것은 기분 나쁜 습관이다. 오히려 우리들처럼 몇 장의 사각형의
종이를 품안에 넣어두고, 사용한 종이는 버리는 습관이 훨씬 좋다고 생각한다고 말
했다. 나는 그가 한 말이 옳다고 생각했다. 그래서 나의 손님이 이러한 종이를 몇
장 주머니에 넣어둔 것을 봤을 때, 몇장의 손수건을 이 사람들에게 선물해 봤지만,
그들은 종이쪽이 훨씬 좋다고 하면서 손수건은 사용하지 않았다.」(前揭書 pp.60-61)

十七2

신분이 높은 사람은 성(姓)이 있다. 신분이 낮은 사람은 성(姓)을 가지지 않는다.

十七3

말을 훈련시키는 데는 (능숙하게) 낭떠러지 벽(을 사용하여, 그것)을 따라 탄다.

十七4

남여(藍輿)[67]는 대나무를 이용해 짜서 (대나무) 광주리 같다. 나무를 세로로 꿰뚫어 가마를 밑으로 드리우고 두 사람이 어깨에 멘다 {일본도 역시 같다}.

十七6

시장에서 물건을 파는 것은 거의 대부분 여자이다 {여송(呂宋)도 역시 같다}.

十七7

밭을 가는 데는 모두 큰 괭이를 사용하고 무논은 쟁기를 사용한다.

十七8

돈에 새겨진 글자는 관영통보(寬永通寶)라고 한다. 크기는 중국의 돈과 같으며 중국에서 통용된다.

---

67) **번역자註** 대를 결어 만든, 뚜껑이 없는 가마.

十七9

여송인(呂宋人)은 앉을 때는 반드시 의자를 사용한다. 사람과 만나면 절을 하고, 또 손을 흔들거나 갓(덮어쓴 것)을 벗어 흔들거나 한다. 부모 혹은 윗사람과 만났을 때는 그 손을 끌어다[68] 냄새를 맡는다.

十八1

밥을 짓는 것은 남자가 한다[69]. 밥을 먹을 때는 가운데 밥 한 그릇과 반찬 한 그릇을 놓는다. 남녀가 빙 둘러 앉아[70] 손으로 먹는다. 신분이 높은 사람은 숟가락과 젓가락을 사용한다. 일간삼지(一幹二枝)[71]의 끝 으로 음식을 꿰찔러서 먹는다.

十八3

춤은 남녀가 서로 마주보고 서서 손을 늘어뜨리고, 단지 음악에 맞춰 서 몸을 움직일 뿐이다.

十八4

국자(國字)가 있는데 음은 있지만 의미는 없다[72]. 깃털 뿌리[73]로 (글

───────────────

68) 손을 잡아 입맞춤을 하는 것을 이렇게 해석 한 것 같다.
69) 여성이 준비하는 「조선」과 다르기 때문에 눈에 띈 것 같다. 조선과 같이 여성이 준비하는 「유구(琉球)」에서는 「식사 준비는 여자가 한다」등과 같은 기술이 없다. 먹는 방법도 손바닥에 올리는 것이 신기했기 때문에 그것을 서술한 것 같다.
70) 이것도 남녀가 각각 따로 먹는 「조선」과 다르다. 그리고 손으로 먹는 것도 그러하다. 「유구(琉球)」도 남녀가 각각 따로 먹었는지 언급되어 있지 않다.
71) 포크(fork)를 가리키는 것 같다.
72) 알파벳을 말하는 것 같다.
73) 깃털 펜.

자를)쓴다. 본 바는 한자는 없는 것 같다.

十八5

형벌은 무두질한 가죽을 엮어서 채찍을 만들어 허벅지를 매질한다. 도둑을 벌할 때는 채찍으로 매질한 다음에 형틀 칼을 가로 놓아 엎드리게 한다. 얼마 지나면 칼을 풀고, 발을 족쇄로 묶는다. 속전(贖錢)(죄를 갚을 금전)을 바치면 석방한다. 그렇지 않으면 노비로 삼아 정한 기한이 차면 석방한다.

十八8

말(馬)의 조련(調練)은 다음과 같이 한다. 우선 동아줄로 오른쪽 앞뒷발을 묶는다 {동아줄의 길이는 발을 옮길 수 있는 범위로 한다}. 왼쪽 발도 똑같이 한다. 이와 같이 해서 걷는 법을 가르치고 익히면 두 사람이 달리기 경주를 해서 승패를 가른다.

十八10

닭싸움을 즐기는데 은(銀)으로 며느리발톱을 만든다 {며느리발톱을 덮는다}. (닭이) 이기지 못하고 죽으면 승리한 쪽의 주인이 죽은 닭의 (며느리발톱) 은(銀)을 받는다.

十九1

콩(大豆)이 없고 된장과 간장을 먹지 않는다. 양(羊)이 없고, 쇠고기, 돼지고기, 녹두를 즐겨 먹는다. 녹두의 꼬투리를 따서 돼지고기와 섞어 요리를 만들면 먹을 만하다.

十九3

담뱃대는 없다. 잎담배을 말아서 한쪽 끝에 불을 붙이고 다른 쪽 끝을 빤다.

十九4

크기가 수위(數圍)[74]되는 도마뱀(蜥蜴)[75]으로 국을 끓여서 먹는다.

十九5

속(腹)이 좋지 않을 때는 빗물을 마시면 내려간다.

十九6

궁실(宮室, 가옥)

十九7

유구(琉球)의 가옥은 모두 사각형이다 {우리나라의 이른바 삿갓집(笠屋)[76]과 같다}. 간혹 사각이 아닌 (휘어진 형태의) 집도 있다. 온돌은 없다. 벽과 바닥 {기거하는 곳을 말한다}은 모두 판자다. {가난한 사람들은 대나무를 엮은 것을 사용한다}. 모든 면은 벽으로 되어있다. 앞면은 모두 통해있고 창호는 없다. 부자들 중에는 간혹 출입문(문)을 설치하는 사람

---

74) 「위(圍)」는 물건 둘레를 재는 단위. 1圍는 5寸, 혹은 1尺. 약 5인치의 둘레.
75) 도마뱀. Banias(이로카노어), Puelay(판가시난어). 몸길이50cm정도. 요리 법은 여러 가지 있으나 보통은 굽거나 삶거나 한다. 스프로도 만든다. 내장은 먹지않는다. 「닭고기」의 맛과 비슷하다고 한다. (바히리오・만자노 広島大学 교육학부 강사에 의함) (사진 17참조).
76) 억새로 지붕을 이어 삿갓 모양을 한 집

도 있는데 한 면 전체를 두짝문으로 하고 판자로 만든다. 빛을 받아 들일 때는 이것을 연다. 창고는 없고 방 한쪽 구석의 적당한 곳에 설치하고 있다. 밖에 별채가 있고 그곳에서 손님을 접대한다[77]. 담장으로 둘러싸여 있고 대문은 없다. 지붕은 기와[78]가 있고 풀을 올린 것이거나 기와 없이 풀만을 올린 것도 있다.

二十2

관사(官舍)에는 바깥 담장이 있다. 국도(國都) 즉 수리(首里)에도 성곽(城郭)[79]은 없다.

二十3

여송(呂宋)의 가옥도 역시 모두 사각형이다. 사방(한 변의 길이)은 3칸, 4칸, 5칸이 있고 일정하지 않다. 주춧돌이 없고 땅에 구멍을 파서 그곳에 기둥을 세운다. 높이2, 3장(丈)[80] 위에 층집을 만들어서 거처하는 방으로 하고 사다리를 이용하여 오르내린다. 벽과 바닥은 판자로 만들어

---

77) 아샤기(アシャギ)를 말하는 것이다. 주48)참조 오키나와(沖繩)의 마을에 있는 것으로 신(神)을 초청(招請)해서 제사를 지내는 장소 본래는 건물의 유무와 관계없었지만 그 곳에 지어진 제사용 건물도 <神アシャギ>라 불리게 되었다.

78) 「瓦」로 보이는 판독하기 어려운 글자가 쓰여 있다. 같은 행에 같은 글자가 2개 있고, (같은 페이지의) 몇 행 뒤에 분명하게 「瓦」라고 쓰여진 것(「上覆以瓦」)이 있는 것에서 다른 글자일지도 모른다는 생각도 들지만 글자체, 문맥 등으로 보아 쓰는 습관으로 그렇게 되었다고 판단 할 수 밖에 없다. 「瓦」에 관해 『沖繩大百科事典』에서 다음의 내용을 인용해 둔다. "항구인 나하(那霸)에서는 신분에 관계없이 기와 지붕을 허가했지만 그 외 지역의 일반 평민은 1889年까지 금지되었다."

79) 마을을 둘러싼 성벽(성)과 성문 바깥의 시가지를 둘러싸는 성벽(곽). 내성과 외성. 「조선」의 도시와 같이 성벽에 둘러싸여있지 않아서 특이하게 느낀 것 같다.

80) 번역지註 길이의 단위로 약 6,7미터이다.

져 있다. 앞뒷면은 모두 석린(石鱗)[81]으로 되어있다. {가난한 사람은 판자로 창문을 만든다}. 지붕은 대나무로 잇는다. 부유한 사람은 석회로 사각형의 담장을 쌓는다 {담장의 높이는 4, 5장(丈)이다}. 담 위에 종횡으로 나무를 올리고 나무 위에 기와의 지붕을 잇고, 밑에서 빗물 떨지는 것을 받도록 되어있다[82]. 담장의 안쪽으로 깎아 물이 가운데로 모여 내리게 하고 밑에는 물이 고이도록 되어있다 {밑은 수고(水庫) <물을 저장해두는 곳>로 되어있다}. 부엌은 수십보 떨어진 곳에 따로 두고 옥상에서 구름다리로 서로 이어져있다. {화재가 빈번하여 불을 경계하기 위해서 부엌을 멀리하고 있다. ○ 혹시 실화한 사람이 있으면 관에서 벌 하였다}.

二十10

창고도 역시 층집[83]으로 되어있다. 벽은 모두 밖으로 휘어져있어 위쪽이 넉넉하고 아래가 좁다. 곡물과 벼 이삭을 저장한다. 짚단을 묶어서 쌓아 올려 쥐로 인한 피해에 대비한다 {유구(琉球)도 역시 같다}.

二十一2

신묘(神廟)[84]는 3, 40칸의 긴 건물이다. 유례없이 크고 아름답다 {이 건물에 신을 숭배하는 사람들을 수용한다}. 신상(神像)을 제일 앞쪽에 안치하고 앞면에 탑을 세우고 탑 꼭대기에 금계(金鷄)를 세워서, 머리가 바람이 오는 방향을 향해서 돌도록 해 두었다. 탑 꼭대기의 아래쪽 벽

---

81) 번역자註 유리창
82) 물받이를 말한다.
83) 바닥이 높은 장고인 고창(高倉). 건물 바닥을 높게해서 기둥으로 지탱하는 구조로 쥐 피해나 습기 등을 막는다. 현재도 아마미(奄美)나 오키나와(沖繩) 제도나 동남아시아 등에서 볼 수 있다. (사진 18, 19 참조)
84) 번역자註 가톨릭 교회를 말한다. (사진 20참조)

바깥에 크기가 다른 종을 4, 5개 걸어 두었다. 제사와 기도 등 일에 따라서 각각 다른 종을 친다. 한 사람이 종을 치면 듣는 사람들은 그 종소리에 맞추어서 신묘(神廟)에 와서 예배를 드린다.

二十一6

성곽(城郭)과 울타리 등은 없다.

二十一7

의복(衣服)

二十一8

유구(琉球)에는 바지(袴)가 없다. 다만 긴 저고리 (긴 상의)만을 입고 있다. 그 길이는 발까지 이르고 (팔 쪽은) 팔꿈치를 감출 정도이다. 다닐 때는 (옷자락을) 걷어 올린다. 남녀의 옷은 다른 점은 없다. 베로 하반신을 감싼다. 버선(襪)은 신분이 높은 사람만이 비로소 신는다. 홑 베(單布)85)로 만들고 앞이 두 갈래로86) 갈라져있다. 그 한 쪽에 엄지발가락을 감추고 다른 한 쪽에 다른 네 개의 발가락을 감춘다. 신은 모두 짚신이다. 신을 때는 엄지발가락87)을 끈 사이에 끼운다 {또 일본의 풍속이기도 하다}.

---

85) 한 장의 천. 한 장의 천으로 만든 것(버선)은 바닥도 한 장이라서 약하다고 한다 (與那嶺一子 沖縄県立博物館 학예원에 의함). 하급 토족(土族)의 버선을 본 것 같다.
86) 「조선」의 양말식의 버선(襪)과의 비교이다.
87) 「조선」의 신는 것은 엄지발가락을 끼우는 식이 아니므로 특이하여 기술한 것 같다.

二十二2

갓(冠)[88]이 없고, 신분이 높은 사람에게는 모자가 있다. 대략 우리나라의 아전(書史)의 모자[89]와 비슷하지만 조금 낮다. 짧은 비녀[90]는 은(銀) 혹은 동(銅)으로 머리를 만들고 국화꽃 장식을 붙인다. 상투에 세로와 가로로 꽂는다.

二十二4

승복(僧衣)은 우리나라의 이른바 장삼(長衫)[91]과 비슷하다.

二十二5

여자는 머리를 후두부(後頭部)에서 묶어 올리고 대모(瑇瑁)[92]의 비녀

---

88) 갓을 쓰는 나라만의 착안점이다. 여러 가지 관(冠) 및 삿갓을 쓴다.

89) 아전(書史)은 문서・기록・회계를 담당하는 하급 관리. 서기(書記), 서리(胥吏)라고도 한다. 그들이 쓰는 것을 「평정건(平頂巾)」이라고 하고 「帕」(머리띠)의 후반부를 높이 한 모양을 하고 있다. (그림②참조).

90) 短簪(ジーファー(ziihwaa))는 오키나와(沖繩)의 여성이 묶은 머리에 꽂는 비녀를 말한다. 비녀에 대해서는 잘 알려져 있으므로 생략하고, 비녀와 머리 모양의 관계를 서술한 다음 내용을 인용한다. "王府시대의 성인 남자의 머리모양. 묶는 법은 머리 중앙부를 깎고, 더욱 그 주위를 짧게 자르고, 남은 주변의 머리를 정수리에서 묶어, 직경 약 3cm・높이 약 3~4cm의 약간 계란형으로 묶어 올린다. 여자 상투의 카라지(カラジ)와 반대로 끈을 쥐고 묶은 머리를 바깥쪽으로 꼬듯이 하여 머리를 원으로 만들어, 남은 부분을 빙빙 꼬아 고리를 끼워 전후의 면을 상투와 반대의 머리모양으로 한다. 상투의 중앙부에 뒤쪽에서 앞쪽으로 관통하는 부비녀(副簪)를 꽂고, 다음으로 앞쪽에서 뒤쪽으로 본비녀(本簪)를 꽂는데 꽃 부분을 정면으로 해서 꽂는다. 머리모양은 토족(土族)도 평민도 같다.(이하 생략)" (『沖繩大百科事典』)

91) 「삼(衫)」은 일종의 긴 (외투풍의) 옷.『朝鮮・琉球航海記』에「유구(琉球)의 승려와 신사」라는 그림이 있고, (승려들은)「존경하는 계급이 아니고 아주 낮은 계급으로 보이고 있다. 멸시 받거나 다른 계층의 사람들로부터 무시되고 있다고해도 좋을 것이다」라고 하는 기술도 있다.(岩波文庫 p.142)

92) 열대 바다에 사는 거북의 일종. 그 등딱지는 검고 윤기가 있으며 대모갑(玳

를 꽂고 있다 {가난한 사람들은 대나무 비녀를 쓴다}.

二十二6

신분이 낮은 사람들은 일을 할 때 나뭇잎 {보통 구바목[93]이라 부른
다}로 만든 삿갓을 쓴다. 우리나라의 대나무 삿갓과 비슷하지만 작고 햇
빛을 막을 뿐이다. 신분이 높은 사람은 외출 할 때 항상 우산[94]을 가지
고 다닌다.

二十二8

여송(呂宋)의 홑저고리는 옷깃이 없고 목부터 소매까지 이어진다. (소
매는) 팔꿈치가 겨우 들어갈 정도다. 옷깃에는 구리(銅) 단추 {금(金)이
기도 하고, 은(銀)이기도 하고, 동(銅)이기도 하여 정해진 것은 없다. 옷
깃에서 소매까지 10개 정도이다}가 붙어 있어서 이것을 묶었다. 겨드랑
이 솔기 밑 주위에는 8개의 주머니[95] {혹은 4개, 혹은 10개 남짓으로
일정하지 않다} 가 있다. 납작한 장식 구슬을 달았다[96]. 저고리의 길이

　　瑂甲)이라고 불린다. 대모(玳瑁), 독모(毒冒)라고도 한다.
93) 구바(クバ)는 비로우(Livistona chinensis, 蒲葵, 枇榔, 檳榔). 야자과의 상
　　엽 고목(高木). 높이는 15m정도에 달한다. 잎은 줄기의 선단부에 속생(束
　　生)하고, 잎은 길이가 150~180cm이고, 윗면은 평탄하고 뿌리 부분의 양쪽
　　에 날카로운 가시가 있다. 잎 모양은 둥근 부채모양이며 잎에 가늘게 금이
　　있고, 잎의 중심부의 섬유는 그물, 어린 잎은 물건을 싸는 데 이용한다. (『沖
　　縄大百科事典』) (사진21, 22참조)
94) 『プロッサム号来琉記』에 다음과 같은 내용이 있다. "우천에는 그들은 일본
　　본토의 그것과 매우 닮은 상의(갑파)와 넓은 모자(띠로 엮어서 만든 삿갓,
　　우천시 쓰는 삿갓)를 사용하고, 또 풀로 만든 신발 대신에 목제의 나막신을
　　신는다. 그 외, 그들은 비에 젖지 않도록 우산을 사용한다.(p.82)" 여기서도
　　그렇지만 「우산」의 실체를 잘 알 수 없다. 아마 대나무 골조에 종이를 붙여
　　기름칠한 「지우산(唐傘)」의 종류일 것이다.
95) 원문 10페이지 1행에 「O下有囊見衣服」이라고 있다. (32)참조

는 긴 것도 짧은 것도 있어 일정하지 않다. 그러나 모두 옷자락이 있어 긴 것은 무릎까지 이르며 아래 쪽은 좁게 되어있다 {이것은 부자와 신분이 높은 사람의 옷이다}. 수도인(修道人)97)은 검은 비단으로 긴 외투 {우리나라의 이른바 주새의(周塞衣=두루마기)98)와 같다} 를 만드는데 길이는 발까지 온다.

二十三2

바지(袴), 신분이 높은 사람의 바지는 버선(襪)과 잇닿아 일체로 되어 있다. 매우 좁아서 허벅지와 정강이가 겨우 들어갈 정도이다. 앞의 중요한 곳에는 두꺼운 솜을 댈 필요가 있다 {하체의 볼록하게 드러나는 것을 꺼리는 것 같다}.

二十三4

신분이 낮은 사람들의 바지는 양 다리 폭이 매우 넓다. 대부분 우리나라의 부인의 홑바지(襌袴)99)와 같다. 허리끈이 없고 접어서 빈 전대를 만들어 끈을 꿰어서 맨다.

갓(冠)은 신분이 높은 사람은 가죽으로 만든다. 우리나라의 이른바 전립(氈笠)100)을 좌우로 접은 것과 같다. ○상인(常人)101)은 등나무로 엮은 것을 사용한다. 위는 절풍모(折風帽)102)와 같다. 크기는 이마 앞까지

---

96) 단추인 것 같다.
97) 「언어」에 「修道人 샌릐」라고 있다. 카톨릭의 신부를 가리키는 것 같다.
98) 周衣. 두루마기.
99) 바지처럼 가랑이가 찢어진 홑겹의 의복.
100) 털실로 엮은 삿갓. (그림 ④ 참조)
101) 신분을 의식해서 「常民」「賤民」 등을 쓴 것이 아니라 단순히 「보통사람」 정도의 의미인 것 같다.
102) 절풍관(折風冠), 절풍건(折風巾). 고구려시대의 「品冠」의 하나. 모양은 옛

다다르고 차양은 수 치(寸) 정도이다. ○신분이 낮은 사람은 오색 천 {무늬는 바둑판의 눈과 같다}으로 머리에 쓰는 것을 만들어 머리를 덮는다.

二十三9

여자의 저고리는 남자와 같다. 아래로 치마가 있어 몸 주위를 모두 가리고 허리끈은 없다. 옷깃을 접어 빈 전대를 만들고 그곳에 끈을 통과시켜 꿰어 맨다.

二十四1

두발은 남자는 깎은 사람도 있고 깎지 않고 있는 사람도 있다. 수도인(修道人)은 정수리를 남기고 주위를 깎는다. 콧수염도 턱수염도 모두 깎는다. 여자는 머리카락을 후두부(後頭部)에서 묶어 올리던지 (상투로 하던지), 혹은 산발(散髮)하여 은(銀)이나 대모(玳瑁)의 비녀를 꽂고 있다.

二十四3

모기가 매우 많다 {여송(呂宋), 유구(琉球), 광동(廣東) 모두 그렇다}.

관모의 하나인 「弁 (대체로 끝이 뾰족한 형상으로 삼각형 모양)」과 비슷하다. 상고시대 한국에서 착용하였던 관모들은 이 변형의 관모로서, 고구려 복식에 대하여 기록하고 있는 중국의 문헌에도 고구려의 관모가 대체로 변의 형상을 하고 있고, 절풍이나 소골과 같은 관모도 그 형상이 변(弁)과 비슷하다.

시대적으로는 30년 정도 지났지만, 같은 루손섬의 북부 카가양에 표착(1829년 1월)한 일본인의 표류·견문록『우바라가하나(うばらがはな)』에서 보이는 다음과 같은 기술은 참고가 될 만하다고 생각한다(﨑村弘文「표류기『우바라가하나(うばらがはな)』번각과 해제(1)」『鹿児島大学文化報告』제 27호 제1分冊 1991년 9월 20일 발행에서 인용).

"모자는 흑목면(黑木棉)으로 만들며, 테두리가 있고 가마솥을 엎어 놓은 것 같아 대개 그 모양이 🝖 이와 같다"(p.36)

"검은 나사(羅紗)와 같은 것으로 만든 가마솥 모양의 모자를 쓴다"(p.37)

유구(琉球) 사람은 종이로 궤짝 같은 장막103)을 만들어 잘 때는 몸을 가려서 모기의 해를 막고 또 바깥의 습기를 피하기도 한다.

二十四5

　海舶(선박)

二十四6

　유구(琉球)의 배, 작은 것은 밑이 베틀 북104)과 같다 (가늘고 길다). 뱃머리는 매우 좁고 선미(船尾)는 허리 부분보다 줄이지 않았다. 베틀북 (과 같은 배 밑바닥의) 위쪽 좌우의 윗부분에 각판(閣板)105)을 붙혀 물에 잘 뜨게 하였다. 각판(閣板)의 위에는 뱃전(舷板)을 곁들어 붙혔다. 배 허리(중간정도)에 돛대를 하나 세운다. 돛은 무명베를 사용하고 장막

---

103) 모기장이라고 생각된다. 「종이」에 중점을 두면 「장지(문)」「맹장지」의 가능성도 생각되지만 「잘 때는 몸을 가려서 모기의 해를 막는다」라고 되어 있으므로 창호문은 아닌 것 같다. 재질에 따라서는 「종이」라고 볼 수 없는 것도 있다.
　「모기장(蚊帳)」에 관해서 『沖繩大百科事典』에는 다음과 같은 기술이 있다. "옛날부터 사용되었지만, 일본식으로 고리를 붙여 손잡이를 늘어뜨리는 것처럼 된 것은 17세기 이후이다. 귀족은 얇은 비단(紗)으로 된 질이 좋은 모기장(唐蚊帳)을 특별히 주문하고, 일반적으로는 파초(芭蕉)・모시(苧麻)・목면(木棉) 혹은 견모(絹毛)와 짜깁기를 한 것을 사용했다."
104) 번역자註 대롱형의 실감개. 타원의 양단을 가늘게 한 형태를 하고 있으며, 베틀에서, 실꾸리를 넣고 날실 사이로 오가면서 씨실을 넣어 베가 짜지도록 하는 배 모양의 나무통.
105) 가교(架橋) 상태의 판자, 안정성을 유지하기 위해 (좌우에) 나무와 대나무(둥근 것)을 붙인다. 그 위에 현판(舷板)을 올리므로 2단으로 나무(와 대나무)가 붙어있는 것이 된다. (大城學씨에 의함. 이하, 선박에 관해서는 같은 사람에게 많은 자문을 구했다.)

(커텐)처럼 친다. 배의 키는 선미(船尾)에서 배의 바닥쪽으로 향해 들어가 있고 가로로 큰 나무를 키의 기둥에 옆으로 꽂았다. 키의 길이는 배의 허리(중간정도)에 이른다. 키잡이는 배의 중간 정도에서 뒤를 향해 앉아 키를 잡는다. 배의 속도는 매우 빠르다.

二十四10

큰 배[106) 바닥은 하나의 판자를 쓰되 좌우에 판을 붙인다. 전판(傳板)의 높이는 3장(丈)이상 (9미터 이상)이고 폭은 4,5장(12~5미터), 길이는 가히 수 십장(3,40미터) 정도이다. 앞은 좁고 뒤는 넓다. 옆은 모두 두꺼운 판자로 벽을 만들고 뱃전 바깥에서 쇠못을 박아 고정한다. 안쪽에 뜸집(篷屋)을 만든다. 집의 좌우에 판자를 세워 구멍을 뚫고 파도가 드나들게 한다. 지붕 위에 또 뜸집을 만들고 뱃머리에 큰 다리를 만든다. 그 다리 위에 깃발을 꽂아 지휘한다. 키잡이에게 (깃발을)보고 키를 조작하게 한다. 키는 똑 바로 세우고, 하나의 동아줄[107)로 묶고 배 밑바닥에서 뱃머리와 묶어서 배가 기우는 것을 막는다. 키를 잡는 망루는 2층으로 만든다. 아래는 키잡이 6명이 있어 키를 잡고 있고, 위에는 2명이 앉아서 나침반을 가지고 있다. 2개의 돛대를 세우는데 틀을 설치해서 돛대가 배 밑바닥에 닿지 않도록 한다. 돛에는 구파목(九波木) 잎[108) {토산을 보

---

106) **번역자註** 이하의 기술은 「진공선(進貢船)」과 「해선(楷船)」을 상기시킨다. (13) (14)참조. 또 '비치의 항해기'(ビーチーの航海記)에는 進貢船의 그림이 게재되어있다.

進貢船 : 유구(琉球)에서 진공(進貢)하기 위해서 중국으로 보냈던 배.

楷船 : 에도시대(江戸時代) 유구국(琉球国)이 매년 사츠마번(薩摩藩)에 쌀, 설탕 등의 조공을 보내기 위해서 파견한 관선.

107) 일정한 방향으로 갈 경우에 키를 고정시키기 위해 사용한 밧줄일 것이다.

108) 「토산(土産)」에 「琉球有九波구바木」(28페이지 2행)이라고 있다.

구바 잎으로 돛을 만드는 것은 이치에 맞다. 틈이 생기기 때문에 그곳에서

라}을 사용한다. 안쪽과 바깥쪽에 대나무를 엮어서 잎을 딱 고정시켜 사용한다. 돛의 좌우에 또 천으로 된 돛이 있어서 보조역할을 한다. 나뭇잎 돛 위에는 3, 4장(丈) 길이의 여유가 있다. 바람이 약할 때 다른 베돛(布帆)을 여기 (돛대의 남은 부분)에 펼친다. 배 뒤쪽의 좌우에는 2개의 작은 돛대가 있다. 여기에도 베돛(布帆)을 쳐서 타력(舵力)을 돕는다109). 배의 허리 부분의 좌우에 큰 판자문을 설치해 두어 배가 갈 때는 물 긷는 배를 끌어올려 넣어둔다.

二十六1

여송(呂宋)의 경우 배 밑 바닥은 한 장의 판자로 되어있다. 바닥판 위로 좌우에 3, 4장의 판자를 (간격을) 매우 좁게 해서 비스듬하게 늘어뜨리고 있다. 그 윗 부분은 위쪽이 (산등성이 같이) 넓게 한다. 뱃머리는 바닥 판자에 붙이고, 기둥 하나를 세워 좌우의 현판(舷板, 뱃전)의 앞쪽 (위)이 기둥과 같은 높이로 가지런히 붙인다. 뱃머리는 매우 좁고 선미(船尾)는 넓다. 배의 높이는 3장(丈), 길이는 15, 16장(丈) 폭은 3 장(丈) {이것은 그 중간 정도의 배다. 큰 것은 길이가 20장(丈)이나 된다}. 가로 틀은 없고 앞에서 뒤에 이르기까지 2자(尺) 간격으로 기둥을 세우고 뱃전 판자를 붙혀 쇠못으로 고정한다. 따라서 배 안은 넓고 장애물이 없다.

뜸집은 유구(琉球)와 같다. 키 끝은 바로 세워서 올리거나 내릴 수 없으며 매우 작다 {배 밑이 원래부터 좁기 때문에 물에 들어가면 키와 같다. 그래서 배 밑바닥이 키를 돕고 있기 때문에 키가 작은데도 지장이 없이 능히 견디는 것이다}.

바람이 빠져 나가고, 저항을 완화하는 것이다. 천으로 만든 돛의 경우 바람이 강할 때는 돛을 내려서 저항을 적게 한다.
109) 선회할 때는 키만으로 불충분한 경우가 있어 작은 돛으로 도움을 준다.

돛대를 3개 세웠다. 돛대에는 각각 4, 5개의 마디가 있고, 떼거나 붙였다 할 수 있어 바람(강도)에 따라 늘리고 줄인다. 돛은 흰 모시 베(白苧布)[110]를 사용하고, 막(帳, 장막)처럼 친다. 뱃머리에는 앞을 향하여 한 개의 돛대를 세운다 {구고현(句股弦)[111] (직각삼각형의 세 변)의 현면(弦綿)과 같다}. 돛 하나는 세로로 쳐서 {한 변은 위를 향하고, 한 변은 아래로 드리운다}. 배가 좌우로 흔들리지 않도록 한다. 또 다른 돛 하나는 옆으로 쳐서 {뱃머리 아래로 가로로 펼쳐 친다. 역시 한쪽 변(邊)은 위로 하고 한 변(邊)은 아래로 한다} 배가 좌우 바람을 받을 수 있도록 한다.

二十六10

한 장의 작은 판자 {사방 4, 5치(寸)} 한 쪽 변을 쇠(鐵)로 테두리를 대어 {순효(純餚)}[112] 가운데 구멍을 하나 뚫고 밧줄 {길이는 일정하지 않다}을 통과시켜 얼레에 묶는다. 밧줄에 2개의 작은 병 {유리로 되어있다. 두 개의 병 크기는 같고 용량은 수홉(數合)이 들어갈 만하다}을 묶는다. 하나의 병에는 모래를 넣고 다른 하나는 비워 둔다. 배가 바다로 나가면 한사람이 얼레를 들고 판자를 물에 던져 넣어 얼레(의 밧줄)를 푼다 {가장자리의 쇠 부분이 아래로 되기 때문에 판자는 반듯하게 선다. 밧줄을 풀어 물에 던지면 판자는 그자리에 멈춘다. 배가 앞으로 나아가면 판자는 항상 후방에 있는 것이다}. 한사람이 2개의 병을 들고, 모래가

---

110) 모시. 마의 일종. 저마(苧麻). 줄기 껍질의 섬유로 천을 짠다.
111) 직각삼각형의 직각에 대하는 변을 현(弦), 직각을 끼는 두변의 긴 쪽을 고(股), 짧은 쪽을 구(句)라고 한다. 「현면(弦綿)」은 「현선(弦線)」이라고 해야할 것 같다.
112) 미상(未詳). 「순식(純飾)」이라면 옷 가장자리의 장식이라고 해석 할 수 있겠다.

들어있는 것을 위로, 빈 것을 아래로 해서 양쪽의 입구를 맞추어 위쪽 병의 모래가 아래의 항아리에 들어가도록 한다. 위쪽 항아리의 모래가 없어지면 밧줄을 거두어 이를 재어서 모래가 다 내려가는 시간에 배가 얼마나 갔는지를 아는 것이다. 이러한 것을 하루에 4, 5번 반복하여 그 날 몇 리(里)나 갔는지를 안다.

○연철(鉛鐵)로 반구형(半球形)의 물건 {무게는 수십근 정도}을 만들어 가운데 구멍을 하나 뚫어서 밧줄을 꿰고 그것에 소기름을 바른다. 여기서 돛을 내리고, 뱃전에 간격을 두어 5명을 나란히 세우고, 연철구(鉛鐵球)에 꿴 밧줄을 들게 한다 {사람들이 각각 수십 장(丈)의 줄을 들고 있다}. 앞에 있는 사람이 연철구(鉛鐵球)를 물에 던져 넣고 두 번째 사람은 가지고 있던 밧줄을 놓는다. 남은 사람들도 차례차례 밧줄을 놓는다. 연철구(鉛鐵球)가 땅(바다)에 닿으면 끌어 올려 (밧줄의 길이를) 재어서 물의 깊이를 잰다. 그와 동시에 바른 기름에 붙은 흙을 조사해서 그곳이 어느 지역 (해역) 인지를 안다.

二十八1

토산(土産)

二十八2

유구(琉球)에는 구파(九波)[113] {구바} 나무가 있다. 잎의 크기가 한 자(尺)쯤 된다. 그 두께는 두꺼운 종이와 같다. 해가 오래된 것이 좋고 견고하고 질기다(고 한다). 세로는 탄력이 있고 질기며 결에 따라 잘 찢겨

---

113) 주 93) 참조.

진다. 가로는 찢겨지지 않는다. 그 지방 사람은 이것으로 부채, 삿갓, 배의 돛[114]을 만든다.

二十八4

감자(甘蔗, 고구마)는 매우 싸다. 밭에는 태반이 이것을 심어 놓았다. 그 지방 사람들은 이것을 주식으로 하는데 색이 빨간 것이 좋다(고 한다).

二十八5

마사(磨沙)[115]는 풀(식물)의 이름이다. 길이(높이)가 2, 3장(丈)이고 크기는 여러 아름이다. 위에는 수십장의 잎이 있고 대나무 잎과 닮았지만 크다. 열매 색깔은 노란색으로 형상은 오이와 닮았으며 맛이 달고 맛있다.

줄기가 두껍고 무거워 진 것을 취한다 (베어 넘어뜨린다). 겹겹으로 되어 있어 바깥쪽에서 심까지 차례차례로 벗겨간다. 그 (벗긴) 것으로 모두 실을 만들어 베를 짠다. 마포(麻布)에는 미치지 못하지만 유용하다. 심(芯)에 가까운 것이 가장 좋다.

二十八8

저지(楮紙)[116]는 아주 값이 싸다. 그 색은 우리나라의 것과 비슷하지

---

114) 주 108) 참조.
115) 「바사」(バサ)라고 해야 한다. [b]와 [m]과의 교체에 대해서는 「언어」의 해석 (p.202, p.238) 참조. 芭蕉.
　　파초(芭蕉)에는 다음의 3종류가 있다. (사진 23 참조)
　　①실파초(實芭蕉) : 바나나
　　②사파초(絲芭蕉) : 피초천의 원료가 되는 것.
　　③화파초(花芭蕉) : 감상용. 꽃은 빨갛다.
116) 닥나무 껍질로부터 만든 종이.

만, 매우 깨끗하다. 두꺼운 것이 더욱 좋다.

二十八9

5월에 벼를 수확한다.

二十八10

바다뱀(蟒蛇)117)를 말렸다가 기가 허할 때 다시마와 함께 삶아서 먹는다 {다시마도 매우 싸다}.

二十九1

백자기(白磁器)와 가마솥은 없다. 부유한 사람은 모두 중국산을 사용하고 있다 {여송(呂宋)도 같다}.

二十九2

여송(呂宋)에는 솜(木棉)118) 나무가 있다. 길이(높이)는 10자(尺)119)

---

117) 이라부 (이라부 바다뱀, *Laticauda semifasciata*)
   바다뱀과. 일본근해에서 인도네시아 부근까지 분포하고, 오키나와현 내에서는 전역에서 보인다. 길이는 70~130cm. 복부는 폭이 넓고, 등쪽은 파란색 혹은 회청색으로 검은색 가로줄이 30~50개 있으며, 배쪽에는 색이 옅고 줄의 폭도 좁아진다. (중략) 코브라 종류와 가깝고 신경성 독이 있지만, 성질은 온순하다. (중략) 이라부 요리는 강장약으로 이용된다. (『沖繩百科大事典』)
   이라부 요리에는 주로 훈제가 사용되며 수컷이 맛있다고 한다. 조리법은 옛날부터 전해오는 전통적인 방법이 이어져오고 있다. (하략) (同事典)
118) 인도 솜 나무. 섬유는 채취 못 할 일이 없지만 질이 좋지 않다 (與那嶺一子氏에 의함. 주120) 주121)도). 「지역 사람들은 베를 짜지 않는다」가 수긍된다. (사진 24 참조)
119) 1자(尺)는 약 30cm.

정도이고, 봉우리가 큰 것은 가지만 하고 중간 정도 것은 밤송이만 하다. 6, 7월에 꽃이 핀다. 꽃은 솜(草棉) 같으나 씨는 꽃 속에 있지 않고 따로 꽃송이 밑에 있다. 이 지방 사람들은 베를 짜지 않고 오직 베게 속으로 할 뿐이다.

二十九5

초면(草棉)120)은 우리나라의 것과 같지만 몹시 크며 탄력이 있고 질기다. 활로 타지 않으며 오직 딱딱한 채찍으로 쓸 뿐이다. 또 황면(黃棉)121)이라는 종류가 있다 {혹은 천을 짜서 옷을 만들거나 베를 짠다}.

11월에 벼 수확을 시작한다. 여러 종류의 과일과 야채가 (수확되어) 마치 초가을과 같다.

二十九8

물소(水牛)122)는 거의 소와 비슷하며 색은 검고 배는 크며 목은 가늘고 눈은 빨갛다. 뿔은 길이가 2자(尺) 남짓이고 활처럼 굽어 서로 마주 향하고 있다 {즉 이른바 검은 뿔이다. 중국에 들어가면 북쪽에서 남경(南京)까지 모두 있지만, 뿔은 길지 않다}. 풀을 먹고 항상 물이 있는 곳에서 쉰다. 소처럼 타거나 수레를 끌거나 한다. 성질은 얌전하고 길들이기 쉽다. 줄로 목을 묶을 뿐이다. 놓아 주려면 줄만 풀면 된다. 많이 있다.

---

120) 보통 「면(綿), 초면(草綿)」으로 솜을 말한다.
121) 「차면」(茶棉)인가. 차색(茶色)이라고 하는 것이 채취하는 시기에 따라 미세하게 색이 변하므로 「황색(黃色)」이라고 말 할 수도 있겠다.
122) 물소를 nuwang(누왕) (이로가노어), kalabao(카라바오) (타가로구어)라 한다. 이 종류의 물소는 동남아시아 지역에서 흔히 보인다. 「유구(琉球)」에서는 「야에야마(八重山)」에 많다. (사진 25 참조) 덧붙여 「조선」의 「소」는 황색이므로 검은 물소를 기술한 것 같다.

三十1

여지(荔支)123) {속명 (그 지방 말로 뭐라고 하는지)는 듣지 못했다}는 크기(높이)가 10장(丈) 남짓하고 잎은 길고 두껍다. 3월에 여물며 열매 크기는 오이와 같고 색은 짙은 노란색이다. 씨는 살구씨 같고 길며 맛은 매우 달고 산뜻하다. 그 지방 사람은 항상 먹으며 반찬으로도 만든다. 익지 않은 것으로는 절임 음식을 만드는데 매우 향이 좋다.

三十4

빈랑(檳榔)124) {그 지방 말로 뭐라고 하는지 듣지 못했다}은 매우 싸다. 나뭇잎으로 재를 바른다 (나무에 올라갈 때 미끄러지지 않도록 가지나 줄기에 재를 바른다). (갈라진) 열매를 잎(예를 들면 바나나의 잎)에 싸서 먹는다. 식후에는 반드시 먹는다 {영남(嶺南)125)에는 어디든지 이것이 있다}.

---

123) 기술되어 있는 것은 「荔支」가 아니다. 기술 내용에 맞는 것은 「망고」이다. 「나무의 높이가 十丈」(즉 3~40m) 「잎은 길고 두껍다」가 일치한다. 실제의 크기·형태·색은 다양하므로 「열매의 크기는 오이와 같고 색은 짙은 노란색」도 그 일종이다. 요리법에 대해서는 잘 모르지만, 「망고」를 「과일」로 밖에 생각하지 않는 사람에게는 상상도 할 수 없는 요리법이 있을 것이다는 것은 같은 「과일」이라고 생각하고 있는 「바나나」에 다음과 같은 요리법이 있는 것을 알면 쉽게 예측할 수 있다.
　요리용의 사바(サバ)……사바(サバ)는 감자와 같이 찌고, 굽고, 삶고, 튀기기 등으로 해서 먹는 바나나이다. (『フィピンの事典』 p.120)
　여담이지만 「유구(琉球)」의 「바사(芭蕉)」와 이 「사바(サバ)」는 「音位轉換」을 일으킨 관계처럼 보인다. 덧붙여 지금도 망고의 「절임」을 만든다고 한다. 병에 식초를 넣고 껍질을 벗긴 익지 않은 망고를 몇 개 넣고 2~3일 지나서 디저트로 먹는다. (만자노씨에 의함) (사진 26 참조)
124) 야자. 코코넛. (사진 27 참조)
125) 매령(梅嶺)의 남쪽. 즉 광동성(廣東省), 광서성(廣西省) 지역.

三十6

　하마(蝦蟆)126)가 매우 많다. 소금을 뿌리면 금방 죽는다. 다리와 배(내장)을 제거하고 삶아 먹는다.

---

126) 두꺼비과에 속하는 양서류. 소금이나 석회를 뿌리면 죽는다. 가죽을 벗긴다. 요리방법은 여러 가지 있다. (만자노씨에 의함) (사진 28 참조)

제5장

「언어」의 번자(翻字)

제5장
「언어」의 번자(翻字)

앞에서 소개한 제 2장 자료의 영인(影印) 「언어」를 활자로 옮겨서 정리한다.

검색할 때의 편의를 고려해서 각 항목에 일련번호를 붙인다. 한자(漢字) 항목「1~112」, 유구어(琉球語) 항목「(1)~(81)」, 여송어(呂宋語) 항목「①~㊼」.

한글 부분에 알파벳을 병기(倂記) 한다.

알파벳 일람

ㄱ k	ㄲ kk	ㅋ kh	ㄴ n	ㄷ t	ㄸ tt
ㅌ th	ㄹ r	ㅁ m	ㅂ p	ㅃ pp	ㅍ ph
ㅅ s	△ z	ㅇ '(모음앞)		ㅈ c	ㅉ cc
ㅊ ch	ㅎ h	ㆁ ŋ(음절끝)			
ㅏ a	ㅑ ja	ㅐ ai	、ʌ	ㅓ ɔ	ㅕ jɔ
ㅔ ic	ㅖ jic	ㅗ o	ㅛ jo	ㅘ oa	ㅜ u
ㅠ ju	ㅝ uɔ	ㅡ ɯ	ㅢ ɯi	ㅣ i	ㅚ oi

	언어(言語)	유구(琉球)	여송(呂宋)
1	人	(1) 쬬 scjo	
2	男	(2) 우ᄢᅵ가 ʼu ski ka	
3	女	(3) 우나귀 ʼu na kui	① 신교 sin kjo
4	國王	(4) 오 ʼo	
5	丞相	(5) 우슈 ʼu sju	
6	大官	(6) 대샹광 tai sjaŋ koaŋ	② 아리가 ʼa ri ka
7	小官	(7) 쇼광 sjo koaŋ	③ 기쎄단 kʌi spi tan
8	通事	(8) 두즈 tu cɯ	
9	美面官○我國風憲之屬	(9) 비사 pi sa	
10	修道人		④ 샌릐 spʌ rɯi
11	土人所奉大神		⑤ 췬다마리 cɯin ta ma ri
12	富人	(10) 후쒸인 hu skui ʼin	
13	童兒	(11) 가마두 ·ka ma tu	
14	無姓人	(12) 미쥬부 mi cju pu	
15	彼人		⑥ 곰샌릐 kom spʌ rɯi

16	口	(13) 구지 ku ci	
17	耳	(14) 미미 mi mi	
18	鼻	(15) 피이 phi ʼi	
19	陽莖	(16) 딘익 tin ʼʌi	
20	婦人私處	(17) 마릐 ma rɯi	
21	坐	(18) 맨소오리 main so ʼo ri	⑦ 씌인다 ssɯi ʼin ta
22	喫	(19) 우사가리 ʼu sa ka ri	
23	唯	(20) 우 ʼu	⑧ 여얼 ʼjɔ ʼɔr
24	諾	(21) 오오닷 ʼo ʼo tso	
25	眠	(22) 이닉찌 ʼi nʌi tsi	⑨ 돌노비 tor no pi
26	死	(23) 신융 sin ʼjuŋ	⑩ 물니다라 mur ni ta ra
27	歌	(24) 가재 ka cai	
28	舞	(25) 우두이리 ʼu tu ʼi ri	
29	謝罪	(26) 군에햐 kun ʼɔi hja	⑪ 신이오라 sin ʼi ʼo ra
30	辱人	(27) 와싯라믄 ʼoa skʌ ra mɯn	⑫ ᄀ리후 kʌ ri hu
31	不知		⑬ 미아싸비 mi ʼa ssa pi

32	可憐		⑭ 보불에 po pur ´ɔi
33	福	(28) 후 hu	
34	風	(29) 간의 kan ´ɯi	
35	月	(30) 과치 koa chi	⑮ 즈믜 cɯ mɯi
36	正月	(31) 쇼과치 sjo koa chi	
37	二月	(32) 임과치 ´im koa chi	
38	三月	(33) 산과치 san koa chi	
39	四月	(34) 스과치 sɯ koa chi	
40	五月	(35) 우과치 ´u koa chi	
41	六月	(36) 슉구과치 sjuk ku koa chi	
42	七月	(37) 치시과치 chi si koa chi	
43	八月	(38) 화치과치 hoa chi koa chi	
44	九月	(39) 궁과치 kuŋ koa chi	
45	十月	(40) 시과치 si koa chi	
46	十一月	(41) 시모지지 si mo ci ci	
47	十二月	(42) 시와시 si ´oa si	

48	每日	(43) 미니치 mʌi ni chi	
49	水	(44) 미즤 mi cɯi	⑯ 싼놈 stan nom
50	山	(45) 산실이 san sir ′i	
51	馬	(46) 마 ma	⑰ 가마 ka ma
52	牛	(47) 우시 ′u si	⑱ 마ᄭ오 ma skʌ ′o
53	豕	(48) 시시 si si	⑲ 마부 ma pu
54	鷄	(49) 두리 tu ri	⑳ 만속 man sok
55	米	(50) 구미 ku mi	㉑ 마가시 ma ka si
56	橘	(51) 군희부 kun hɯi pu	
57	甘藷	(52) 한우슈 han ′u sju	
58	甘蔗^{沙糖 草}	(53) 욱이 ′uk ′i	
59	烟草	(54) 다박귀 ta pak kui	㉒ 다박귀 ta pak kui
60	雨傘	(55) 가사 ka sa	
61	箸	(56) 하시 ha si	
62	烟臺	(57) 시리 si ri	
63	草履	(58) 사바 sa pa	

64	繩		㉓ 노빌 no pir
65	露酒	(59) 쇼주 sjo cu	
66	豆腐	(60) 두후 tu hu	
67	油	(61) 안다 ′an ta	
68	福建		㉔ 의무 ′ɯi mu
69	北京		㉕ 마다리 ma ta ri
70	朝鮮		㉖ 약방 ′jak paŋ
71	澳門		㉗ 마까외 ma ska ′oi
72	一咾㞋		㉘ 일노쇼 ′ir no sko
73	西南馬宜		㉙ 셔람마기 sjɔ ram ma ki
74	王都		㉚ 방아시나 paŋ ′a si na
75	福建人所居里		㉛ 말니라 mar ni ra
76	日本		㉜ 합분 hap pun
77	白村	(62) 두마 tu ma	
78	大		㉝ ᄀ란듸 kʌ ran tɯi
79	小		㉞ 아다 ′a ta

80	一	(63) 씌잇 stʉi ʼis	㉟ 매ᄉ mai sʌ
81	二	(64) 숏 stʌs	㊱ 노이 no ʼi
82	三		㊲ 달노 tar no
83	一錢		㊳ 매ᄉ쏘아리사 mai sʌ sko ʼa ri sa
84	大銀錢直銅錢八十文		㊴ 비슈 pi sju
85	中銀錢直四十		㊵ 살노ᄡ sar no psʌ
86	小銀直二十		㊶ 몡텅 mjɔiŋ thɔŋ
87	小小銀錢直十		㊷ 식가빗 sik ka pʌs
88	最小銀錢直五		㊸ 싀가월노 sʉi ka ʼuɔr no
89	錢	(65) 칸의 khan ʼʉi	㊹ 부악 pu ʼak
90	價幾何		㊺ 쏨쌔리관도예시 skom spa rʉi koan to ʼjɔi si
91	交易	(66) 케라 khɔi ra	
92	家舍		㊻ 가산 ka san
93	船	(67) 후늬 hu nʉi	㊼ 삼반 sam pan
94	文字	(68) 시미 si mi	

95	筆	(69) 후듸 hu tɯi	
96	紙	(70) 가빌 ka pir	
97	囊	(71) 밋씽 mis sciŋ	
98	簪	(72) 이화 'i hoa	
99	扇	(73) 오지 'o ci	
100	有		㊽ 아다 'a ta
101	無	(74) 비부랑 pi pu raŋ	㊾ 아완 'a 'oan
102	好	(75) 주라사 cu ra sa	㊿ 뫼노 moi no
103	大好	(76) 주주라사 cu cu ra sa	
104	出入		(51) 훌루 비 hur ru pi
105	平安乎	(77) 간쥬야 kan cju 'ja	(52) 아리우시 'a ri 'u si
106	那裏去乎		(53) 곰빠릐먼듸바시야 kom spa rɯi mɔn tɯi pa si 'ja
107	何處在乎	(78) 망카릐야 maŋ kha rɯi 'ja	
108	白村在	(79) 두마카릐 tu ma kha rɯi	
109	彼處	(80) 아마까라 'a ma ska ra	

110	此處		
111	取來	(81) 무씬지쏘 　　mu scin ci sko	
112	未去		㉞ 문시못바시야 　　mun si mos pa 　　si ʼja

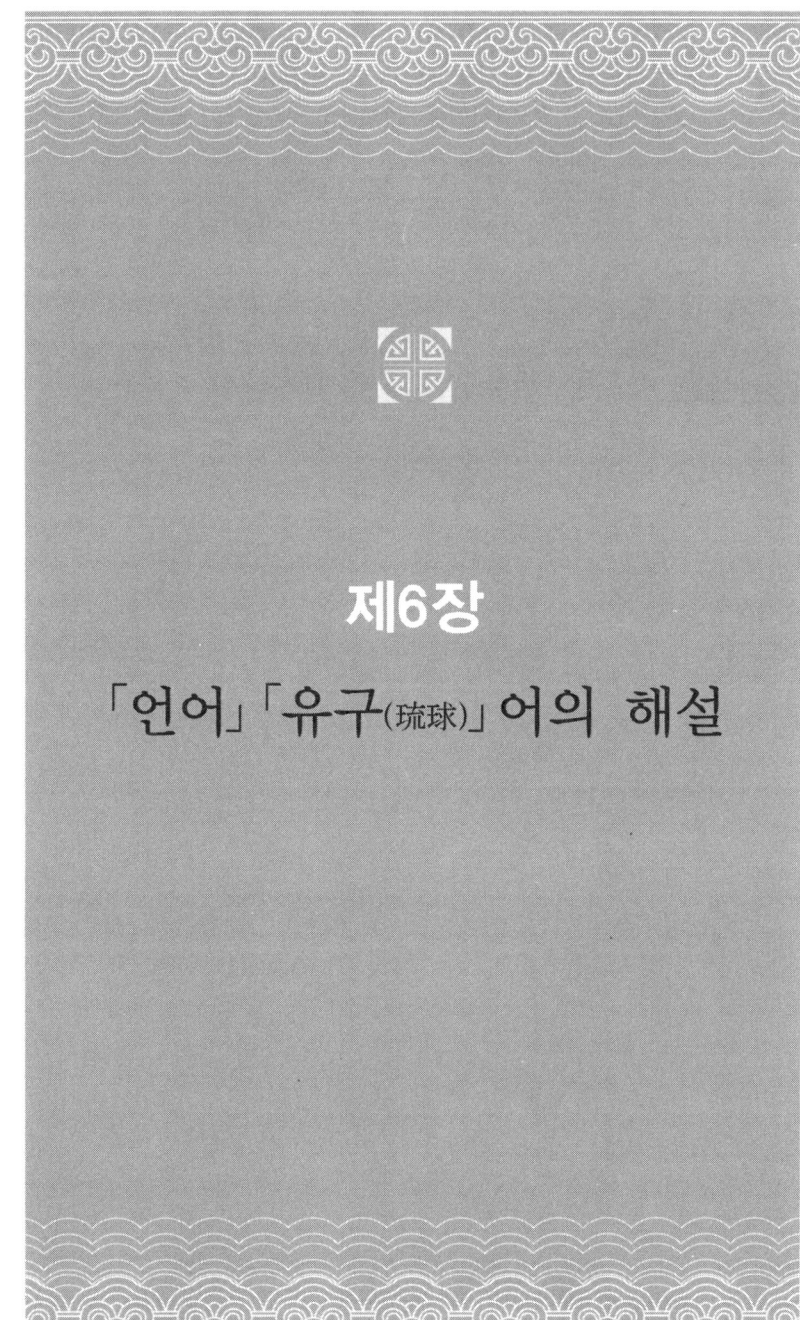

제6장
「언어」「유구(琉球)」어의 해설

제6장
「언어」「유구(琉球)」어의 해설

　「유구(琉球)」어에 관해서 현대어와의 대응을 계속 생각하면서, 분석의 전제가 되어야 할 약간의 해설을 각 언어에 덧붙여 나간다.

　기록된 말이 어느 지역의 것인가는 분석 과정에서 명백하게 되겠지만, 제1장의 「해제 및 자료」 등에서 설명했듯이 표류자들이 체재하였던 상황으로 추측하여 보면 오키나와(沖縄) 본섬(本島)의 남부지역 말이 대부분이며 여기에 아마미(奄美)지역 말이 조금 섞여 있는 것으로 판단된다.

　로마자 표기는 한글의 음절과 음절 사이에 「·」를 넣어 표기함으로서 한글과의 대응이 보다 확실해지도록 하였다.

　한글의 표기가 잘못 기록된 것 또는 잘못 전사(傳寫)된 것이라고 판단되는 경우는 바르다고 생각되는 것을 < >에 넣어 뒤쪽에 표시한다.

　표현을 간략하게 하기 위해 다음과 같이 한다. 예를 들어 「현대어 [ʔũʃi]와 대응한다고 생각한다」라고 기술해야 할 부분은 지장이 없는 범위 내에서 「[ʔũʃi]와 대응」과 같이 표시한다.

1. 人 (1)쯔 scjo
　[ttʃu]와 대응. 한글의 「ㅆ」표기는 무기음(無氣音)[127]의 가능성을 시

---

127) 예를 들면 小倉進平(1928)는 한국어에서 toin-siot이라는 것은 toin과 siot로 이루어진다. toin이라는 것은 「짙다(濃)」란 뜻. siot이라는 것은 한글ㅅ字의 명칭이고, 까, 짜, 쌔, 씨와 같이 初頭에 있는 경우의 ㅅ에 대한 이름

사하고 있다. 또 [ttʃoː](사람은)에 대응한다고도 생각된다.

「クリフォード(Clifford)琉球語彙」128)에는 choo(man)가 있다.

2. 男 (2)우씨가 'u・ski・ka

[jikiga], [wikiga]와 대응. 한글의 「시」도 무기음(無氣音)을 표시하려고 한 것으로 보인다.

또한 영인(影印)에서는 「우ㅈ기가」처럼 보이지만 「우씨가」이다. 「ㅈ기」라고 적은 것을 「씨」로 고치기 위해서 「ㅈ」의 왼쪽 윗 부분을 칠해 지워서 「ㅅ」으로 한 것이다. 그래서 「ㅅ(ㅆ)」처럼 부자연스럽게 되어 있다. 사진판에서는 이것을 확인할 수 있다(사진 9참조).

「Clifford 유구(琉球) 어휘」에는 ickkeega(man)라고 되어있다.

───────────────

이다. 이 경우의 ㅅ은 ㅅ 문자가 본래 가지고 있는 S음을 나타내는 것이 아니라, 단순히 까를 kka, 따를 tta, 를 ssi처럼 발음하는 2개의 자음 중 최초의 k, t, s를 나타내는 것으로 생각되고 있다. kk, tt, ss의 음이 장자음(長子音)처럼 느낌을 주어 기음(氣音)이 각각의 발음위치에서 농화(濃化)되는 느낌이 있으므로 이것을 농음(濃音)이라고 칭하는 것이다. 崔鶴根(1968) (p.247)

위의 내용에서 모음탈락이든지 자음삽입이든지 「ㅅ」음이 「ㄱ, ㄷ, ㅂ, ㅅ, ㅈ」등과 연접하는 경우, 「ㅺ」「ㅼ」「ㅽ」「ㅆ」「ㅾ」등의 자음군이 어중(語中)에 발생하는 것이 되고, 이것과 같은 자음군은 필연적으로 「농음(濃音)」의 표기가 된다. 또 이러한 농음의 발생은 꽤 옛날 시대로 거슬러 올라가는 듯 하다.

128) Basil Hall : Account of a Voyage of Discouvery to the West Coast of Corea, and Great Loo-Choo Island, (with an Appendix, containing Charts, and Various Hydrographical and Scientific Notices, and *Vocabulary of the Loo-Choo Language by H.J.Clifford*, Esq.Lieutenat Royal Navy), London, Jhon Murray, 1818

본 문서「표해록(漂海錄)」의 「유구(琉球)」어와 거의 같은 시대의 「유구어(琉球語)」를 기록한 것이므로 대조한다. 이하 「Clifford 유구(琉球) 어휘」라고 표기한다.

3. 女 (3)우나귀 ’u・na・kui

[jinagu], [winagu]와 대응. 「귀」가 [guji]를 표시하고 있다고 하면 「여자냐?」와 같이 되지만 가능성은 적다.

「Clifford 유구(琉球) 어휘」에는 innago(woman)가 있다.

4. 國王 (4)오 ’o

[woː]와 대응.

「Clifford 유구(琉球) 어휘」에는 kowung(king, or monarch)이 있다.

5. 丞相 (5)우슈 ’u・sju

[ʔuʃuː] [ʔusuː] 「어주(御主)」와 대응. 단 현대어로는 「국왕(國王)」의 의미가 되겠다.

6. 大官 (6)대샹광 tai・sjaŋ・koaŋ

「대장관(大將官)」에 해당하는 단어이지만 현대어에는 해당되는 것이 없다.

7. 小官 (7)쇼광 sjo・koaŋ

「대관(大官)」에 상반되는 「소관(小官)」일 것이다. 이것도 현대어에는 해당되는 말이 없다. 한가지 덧붙이면 「여송(呂宋)」어의 기쎄단 kʌi・spi・tan은 captain(船長)이다.

8. 通事 (8)두즈 tu・cɯ

[tuːdʒi]와 대응.

9. 美 面官○我國 風憲之屬　(9)비사 pi・sa

「풍헌(風憲)」은 「풍속이 흩트러지지 않도록 단속하는 규칙. 또는 단속하는 관인」이라는 뜻이다. 「비사」의 형태로는 대응하는 현대 오키나와(沖繩)어를 찾아내는 것은 어렵다.

「여송(呂宋)」[129]어일 가능성도 있지만 확인할 수 있는 것은 없다.

또한 한국어의 「풍헌(風憲)」은 조선시대 「면(面)」「리(里)」의 일을 담당하는 사람 또는 장소라는 의미도 있으므로 이 방면으로의 접근도 필요할 것이다.

12. 富人　(10)후쉬인 hu・skui・'in

미상(未詳). [ɸuʼkkwiːɴ](부풀리다)와 관련이 있다. 혹은 「부귀인(富貴人)」과의 관련성을 생각할 수도 있겠다.

13. 童兒　(11)가마두 ka・ma・tu

[kamaduː]라고 하는 이름을 가진 아이가 근처에 있었던 것으로 보인다. 「Clifford 유구(琉球) 어휘」에 worrabee (child)가 있다.

14. 無姓人　(12)미쥬부 mi・cju・pu

미상(未詳). Ilokano(이로카노)어 BISIO [f. Sp.], n.vice와 관련이 있을지도 모른다.

16. 口　(13)구지 ku・ci

[kuʼtʃi]와 대응.

---

129) 예를 들면 Ilokano(이로카노)어 PISKAL[f. Sp.] n. fiscal. 이로카노어에 관해서는 「언어」「여송」어 항목 (p.197 이하) 참조.

「Clifford 유구(琉球) 어휘」에는 coochee 및 cootchee (mouth)라고
되어있다.

17. 耳 (14)미미 mi · mi

[mimi]와 대응.

「Clifford 유구(琉球) 어휘」에는 mimmee (ear)가 있다.

18. 鼻 (15)피이 phi · 'i

[hāna](코)와 직접적으로 대응하는 형태는 아니다. 잘못 기입한 것으
로 보고 맞는 형태를 생각해보면, 파나(pha · na), 화나(hoa · na), 하나
(ha · na) 등을 생각해 볼 수 있지만 음이 너무 동떨어져 있다.

잘못 기입한 것이 아니라면 오해로 생긴 것인가. [phi]와 유사한 음에
는 「비(屁)」가 있다. [ɸi:], [çi:]와 대응한다고 생각하면 「코(鼻)」를 잡은
동작이 오해를 낳았을 수도 있다.

19. 陽莖 (16)딘익 tin · 'ʌi <단익 tan · 'ʌi>

「딘익」는 「단익」의 잘못된 표기라고 생각된다. [tani]「음경(陰莖)」과
대응한다.

[tani]와 대응하는 것이라면 「다닉 ta · nʌi」라고 표기했으면 하지만,
발음상으로는 서로 차이가 없다(「93. 船 (67)후늬」참조). 한글의 경우 앞
음절의 종성(終聲)은 후속 음절이 모음으로 시작되는 경우에 그 후속 모
음과 결합해서 발음되기 때문이다.

20. 婦人私處 (17)마릐 ma · ruii

「마늬」의 오기(誤記)로 보인다. 한글의 「ㄹ(r)」과 「ㄴ(n)」는 자주 혼

동되어 나타난다.

「여음(女陰)」을 의미하는 말이다. 단 오키나와(沖繩) 본섬(本島) 및 그 주변 섬에 분포하는 「피:(ピー), 포:(ポー), 호:(ホー), 만쥬:(マンジュー)」등과 대응하는 것이 아니라, 기카이지마(喜界島) (북동부)의 「마뉴 (マーニュー) [maːnjuː][130]」에 해당하는 어(語)로 보인다. 문순득(文淳得) 일행이 아마미(奄美)에 2개월 가까이 체재한 것과 관계가 있을 것으로 생각된다.

21. 坐 (18)맨소오리 main・so・'o・ri

[(?)mḗNsoː ri](어서오십시오)와 대응. 「여기에 와서 앉으세요」란 의미로도 볼 수 있을 것이므로 「좌(坐)」로 오해한 것이다. [jimisoːri](앉어십시오)는 아닐 것이다.

아울러 「Clifford 유구(琉球) 어휘」에는 eeree (sit down, in a chair), eemeeshawdee (sit down, on the ground)가 있다.

22. 喫 (19)우사가리 'u・sa・ka・ri

[?uˉsagari] (드시다)와 대응.

「Clifford 유구(琉球) 어휘」에 ozagadee (offer, to)가 있다.

23. 唯 (20)우 'u

[?uˉː] (윗사람에 대한 「예」)와 대응.

「Clifford 유구(琉球) 어휘」에 oo (yes)가 있다.

---

130) 中本正智(1981) pp.76-77 참조.

24. 諾 (21)오오ᄯᅩ 'o·'o·tso

[ʔoː](친한 윗사람에 대한 「예」)와 대응. 「ᄯᅩ」부분에 대해서는 보류해 둔다.

25. 眠 (22)이니ᄯᅵ 'i·nʌi·tsi

[ni˞nti](잠자고)와 대응. 「ᄯᅵ」의 「ᄃᄉ」는 「ts」가 아니라, 「t'」(무기음) 을 나타내고 있다고 본다.

「Clifford 유구(琉球) 어휘」에는 neebooee (eyes, closing the), ninjoong (sleep, to), nintee (sleeping), nintoong (die, to)등이 있다.

26. 死 (23)신융 sin·'juŋ

[ʃi˞nuN]과 대응. 한글 철자법으로는 「시늉」도 가능. (「19. 양경 (陽莖)」 항에서 기술한 앞 음절 종성음과 다음 음절의 모음과의 결합 참조).

당시 발음은[ʃiɲuŋ]이었던가 혹은 [ʃiɲuN]이었던 것 같다.

[-ɲu-]부분에 주목하고 싶다.

「Clifford 유구(琉球) 어휘」에는 sheeenoong (dead), sheenoung (kill, to, by the fire of a gun), sheemoong (kill, to)가 있다.

27. 歌 (24)가재 ka·cai

미상(未詳). Ilokano(이로카노)어의 KASAR (wedding)와 관계가 있 는 것 같다.

「Clifford 유구(琉球) 어휘」에는 oota (song), ootayoong (sing, to)가 있다.

28. 舞 (25)우두이리 ʼu・tu・ʼi・ri

[wǖduji] 「무용」 (춤)과 대응하는 것인지, [wǖduri] 「무용해」 (춤춰)와 대응하는 것인지는 확실하지 않다.

29. 謝罪 (26)군에햐 kun・ʼɔi・hja

[kuneːjaː] (화해하다. 화해하자)와 대응하는 것으로 생각된다. [kuneːjuɴ], [kuneːjiɴ] (①용서하다 ②화해하다)와 관계가 있다.

30. 辱人 (27)와싟라믄 ʼoa・skʌ・ra・mɯn

미상(未詳). [wāgoːrimuɴ] (난폭자, 실패자)와 대응하는 것 같다. 「욕인(辱人)」은 「상처 입은 사람」이라는 뜻이다.

「여송(呂宋)」어 「ᄀ리후」도 미상(未詳).

33. 福 (28)후 hu

[ɸuː] (인과응보, 행운)와 대응한다.

34. 風 (29) 간의 kan・ʼɯi <간즤 kan・cɯi, 간 kan・zɯi>

[kādʒi]와 대응. 「간의」대로라고 하면 [kani] 처럼 되어서 「金」 등과 대응하게 되어버린다. 「간즤」혹은 「간싀」131)가 되어야 할 부분이다. 어느 것이라고 해도 유성자음 앞에 비음이 존재한 것을 시사하는 예가 되

---

131) 관점에 따라서는 「의」의 「ㅇ」이 「ㅇ」이 아니라, 「△」(z)으로 보이지 않는 것도 아니다. 「(72) 이화」도 같다. 그렇게 본다면 이와 같이 명백하게 「ㅇ」이고 「△」으로 보이는 예가 많기 때문에 ((45) 산실싀, (52) 한수슈 등), 부정적으로 볼 수 밖에 없다.

겠다. 「의」의 표기도 */e/에서 /i/로의 역사적 변화를 생각하는 측면에서
주목된다고 하겠다.

「Clifford 유구(琉球) 어휘」에는 kazzee, kassee (wind) 가 있다.

35. 月 (30)과치 koa・chi

[gwatʃi]와 대응. 「달(月)」인 것 같지만, 후속하는 「正月・二月・三
月……」의 「-월 (ぐわつ)」를 끄집에 내어서 항목을 세운 것 같다. (→「언
어」「여송(呂宋)」어 참조 p.201)

「Clifford 유구(琉球) 어휘」에 stichee (moon, month), stchay (moon,
the), gwautsee (moon, month) 가 있다.

36. 正月 (31) 쇼과치 sjo・koa・chi

[ʃoːgwatʃi], [soːgwatʃi]와 대응.

37. 二月 (32)임과치 'im・koa・chi

[niŋgwatʃi]와 대응.

38. 三月 (33)산과치 san・koa・chi

[saŋgwatʃi]와 대응.

39. 四月 (34)스과치 sɯ・koa・chi

[ʃigwatʃi], [ʃiŋgwatʃi]와 대응. 「시과치」혹은 「신과치」「싱과치」이
어야 할 것으로 보인다. 무엇 때문에 「스」로 표기하였는지에 대해서는
「45. 十月」에서 기술하도록 하겠다.

40. 五月 (35) 우과치 'u・koa・chi ＜구과치 ku・koa・chi＞

[gugwatʃi], [guŋgwatʃi]와 대응. 「구과치」처럼 표기하여야 할 곳을 「우과치」로 표기한 것은 한국어는 어두에 유성자음이 나타나지 않는 점과 발음상 [gu]와 [wu]가 비슷하기 때문이다.

41. 六月 (36) 슉구과치 sjuk・ku・koa・chi ＜륙구과치 rjuk・ku・koa・chi＞

[rukugwatʃi]와 대응. 「륙구과치」라고 표기하여야 하겠지만, 한국어의 어두에는 「ㄹ」이 오지 않는 특징 때문에 표기에 어려움이 있었던 것 같다. 아니, 표기 전에 이미 문순득(文淳得) 일행에게는 [ru~]가 들리지 않았을 가능성이 높다. 「마찰음」만을 들었을 것이다. 그 결과 「슉~」으로 표기했다고 생각한다.

「ㄱㄱ」(k・k) 표기는 촉음 [kk] /Qk/가 아니라, 무성자음 [k]를 나타내기 위한 것이라고 생각한다. 즉 「슈구~」라고 표기하면 [(ru) gu~][132]가 되기 때문이다.

42. 七月 (37) 치시과치 chi・si・koa・chi ＜시치과치 si・chi・koa・chi＞

[ʃitʃigwatʃi]와 대응. 「시치과치」로 표기해야 할 부분이 음위전환(音位轉換)을 일으킨 표기로 되어있다. [ʃi]와 [tʃi]의 유사성 (및 그 모음의 무성화)와 미지(未知)의 언어인 것이 영향을 미친 것 같다.

---

132) 현대 한국어의 예를 참고로 제시하면, 田中 다나까 (ta・na・kka). 加賀 가가 (ka・ka)와 같다.

43. 八月 (38) 화치과치 hoa・chi・koa・chi

[hatʃigwatʃi]와 대응. 주목되는 것은 「화~」의 표기로 [ha]가 아니라 [ɸa]이었던 것을 표기하고 있다.

44. 九月 (39)궁과치 kuŋ・koa・chi

[kuŋgwatʃi]와 대응.

45. 十月 (40)시과치 si・koa・chi <즈과치 cɯ・koa・chi>

[dʒuːgwatʃi]와 대응.「즈과치」(또는「주과치」)로 표기하여야 할 곳이다.「四月」과 혼동하여 잘못 이해했다고 생각된다.「四月 시과치」「十月 스과치」라면 표기에는 모순이 없지만, 표기 조합이 바뀌어버린 것이다. 여기에는 한국어의「十月 시월 si・'uɔr」의 간섭도 생각할 수 있다.

「즈과치」이어야 할 부분이「스과치」가 된 것에는 두가지 이유를 생각해 볼 수 있다. 하나는 한글「ㅈ」의 (위쪽의) 가로획이 떨어져「ㅅ」이 되었을 가능성이고, 다른 하나는 한국어에서는 어두에 유성(자)음이 나타나지 않기 때문에 오키나와(沖繩)어의 어두음 [dʒ]를 [s]라고 인식했을 가능성이다.

또 이 부분에서 모음이 원순의「ㅜ(u)」가 아니라 평순의「ㅡ(ɯ)」로 표기 된 것이 마음에 걸린다.

46. 十一月 (41)시모지지 si・mo・ci・ci <시무치치 si・mu・chi・chi>

[ʃimutʃitʃi](霜月)과 대응. 한글대로의 발음이라고 하면 [ʃimodʒidʒi]가 되고, [ʃimutʃitʃi]에 가까운 것이라고 하면「시무치치」가 이상적인 표기이다.

47. 十二月 (42)시와시 si・'oa・si

[ʃiwaːʃi](師走)와 대응.

48. 每日 (43)미니치 mʌi・ni・chi

[meːnitʃi]와 대응.

49. 水 (44)미즤 mi・cɯi

[miˉdʒi] [miˉdzi]와 대응. 「즤」에 대해서는 「zɯ(づ)」와의 대응이 흥미로운 양상을 보이고 있다. 「지 ci」로는 되어 있지 않다.

「Clifford 유구(琉球) 어휘」에는 meezee, meesee (water)가 있다.

50. 山 (45)산실이 san・sir・'i

「山尻 산 꼬리」인가. 질문한 사람 (文淳得 일행)과 대답한 사람 (오키나와(沖繩) 사람이 같이 「물건」를 보면서 초점은 다른 곳에 두고 있었던 것에서 생긴 오해가 아닐까.

또 당시의 오키나와(沖繩)에서 「山(やま)」을 「さん san」이라고 말했을지도 의문이다. 한국어 「山 산 san」의 간섭이 있었을 가능성도 있다.

「語音翻譯」[133])에 「山頂 사노춘지」(sa・no・chʌn・ci) 「山底 사노시쟈」(sa・no・si・cja)라고 있는 것이 상기된다. 어떤 연관 관계가 있을 수도 있다.

「Clifford 유구(琉球) 어휘」에 yamana meetchee (path)가 있어 yama의 존재를 알 수 있다.

---

133) 『海東諸國紀』(申叔舟著 1471년), 나중에(1501년) 부제된 「유구어(琉球語)」의 한글자료.

51. 馬 (46)마 ma

[ʔmma]와 대응.

「Clifford 유구(琉球) 어휘」에 ma (horse)가 있다.

52. 牛 (47)우시 ʼu・si

[ʔūʃi]와 대응.

「Clifford 유구(琉球) 어휘」에 ooshee (cow, bullock)가 있다.

53. 豕 (48)시시 si・si

[jamaʃiʃi](猪)와 대응인가.

「Clifford 유구(琉球) 어휘」에는 boota (pig)가 있다.

54. 鷄 (49)두리 tu・ri

[tūji]와 대응.

「Clifford 유구(琉球) 어휘」에는 tooee (cock, fowl)이 있다.

55. 米 (50)구미 ku・mi

[kumi]와 대응.

「Clifford 유구(琉球) 어휘」에는 coomee (rice)가 있다.

56. 橘 (51)군희부 kun・hɯi・pu <구늬부 ku・nɯi・pu>

[kunubu], [kunibu](귤 종류)와 대응. 한글 철자로는 「구늬부 ku・nɯ
i・pu」도 가능하다. 한글 「ㅎ(h)」은 모음사이[134]에서 약화되는 경우가
많다. 그것과 「19. 陽莖 딘익」 항목에서 서술한 현상 (앞 음절말 자음과

뒷 음절의 모음과의 결합)이 관계하여 「군희부」는 결과적으로 「구늬부」
와 같이 된다 (「93. 船 (67)후늬」 참조).

「Clifford 유구(琉球) 어휘」에는 kooneebou (orange)가 있다.

57. 甘藷 (52)한우슈 han·'u·sju

한글 표기상으로는 「하누슈 ha·nu·sju」도 가능하다. 이것과 음운적·
형태적으로 대응하는 것은 아마미오시마(奄美大島)·기카이지마(喜界
島)에 분포하는 [hanusï], [hansuː] 등일 것이다. 오키나와(沖縄) 본섬
(本島) 남부지역[135]에서는 [ʔmmu](芋)라고 하는 어형(語形) 밖에 나타
나지 않는다.

「Clifford 유구(琉球) 어휘」에는 moo (potatoes, sweet potatoes)가
있다.

58. 甘蔗 (53)욱이 'uk·'i

[wuːdʒi]와 대응. 「욱이」는 「우기」라고 써도 같으므로 [wugi]나
[ʔugi]를 나타내는 것이라고 생각한다. 현대어에서는 아마미오시마(奄
美大島)에 [wugiː], [wugi]가 있고, 도쿠노시마(德之島)에 [ʔugi]가 존재
한다. 기카이지마(喜界島)는 [wuni], [ʔuːni], [guni] 등이 있다. 오키나
와(沖縄) 본섬(本島) 남부지역[136]은 대부분 [wuːdʒi]이지만, 남서부에
는 [ʔuːgi]이다.

---

134) 정확히는 모음과 모음 사이 및 「ㄴ(n), ㅁ(m), o(ŋ), ㄹ(r)」과 모음 사이.
135) 中本(1981) pp.182-183 참조.
136) 中本(1981) pp.194-195 참조.

59. 烟草 (54)다박귀 ta・pak・kui

[tabaku]와 대응. 「박귀」의 「ㄱㄱ」은 「41. 六月」에서 서술한 것과 같이, 무성자음을 표기하기 위해서 라고 생각된다.

「-귀」가 「kuji」라고 하면 의문을 나타내는 (접미사) /i/가 붙어있다고 해석이 되며, 「다박귀」는 「담배인가?」를 의미하는 것이 된다. 하지만 「여송(呂宋)」어도 똑같은 표기법으로 되어 있으므로 단순히 'tabacco'일 가능성이 높다.

「Clifford 유구(琉球) 어휘」에는 tobacco (tobacco) 가 있다.

60. 雨傘 (55)가사 ka・sa

[kasa]와 대응.

「Clifford 유구(琉球) 어휘」에 kassa (umbrella), kassa (hat, worn by the natives)가 있다.

61. 箸 (56)하시 ha・si

[haʃi]와 대응. 단 오키나와(沖縄) 본섬(本島) 남부지역의 현대어는 [meːʃi]나 [ʔumeːʃi]이다. 각각 「mihaʃi (みはし 御箸)」, 「omihaʃi (おみはし 御御箸)」에 대응된다고 생각한다. 「하시」와 직접적으로 대응하는 것은 아마미오시마(奄美大島)・기카이지마(喜界島)의 [haʃi]이겠지만, 기카이지마(喜界島)[137)에는 [paʃi], [ɸaʃi]도 분포한다.

「Clifford 유구(琉球) 어휘」에는 fashay (chopsticks), mayshung (chopsticks)가 있다 (각각 「箸는」「箸도」에 대응한다).

---

137) 中本(1981) pp.370-371 참조.

62. 烟臺 (57)시리 si・ri ＜치시리 chi・si・ri＞

[tʃiʃiri](담뱃대)에 대응.「tʃiʃiri (チシリ)」의「tʃi (チ)」의 모음의 무성화가 심해서「tʃ」와「ʃ」가 중복되어 들렸을 가능성이 있다.

「Clifford 유구(琉球) 어휘」에도 shirree (pipe)가 있다.

63. 草履 (58)사바 sa・pa

[saba]와 대응. 아마미(奄美)・오키나와(沖繩)・미야코(宮古)・야에야마(八重山) 전지역이 [saba]이다. 단 아마미오시마(奄美大島)・기카이지마(喜界島)・도쿠노시마(德之島) 일부와 하토마지마(鳩間島)에는 [dzoːri]가 있다.

「Clifford 유구(琉球) 어휘」에 sabaugh, sabock (shoes, or sandals)가 있다.

65. 露酒 (59)쇼주 sjo・cu

「소주(燒酎)」이겠지만, 현대 오키나와(沖繩)어와 직접적으로 대응하는 말이라고는 생각하기 어렵다. 어휘적으로는 [saki](酒)가 대응하겠다. 덧붙여 현대 한국어에는 「소주(燒酎)」가 있고, 이것은 조선시대에 「쇼쥬」였다.

「Clifford 유구(琉球) 어휘」에 sackkee (wine)이 있다.

66. 豆腐 (60)두후 tu・hu

[toːɸu]와 대응.「도오후」등으로 되지 않은 것은 한국어「두부 tu・pu (豆腐)」의 간섭을 받았기 때문으로 보인다.

67. 油 (61)안다 'an・ta

[ʔanda]와 대응.

77. 白村 (62)두마 tu・ma

지명(地名)인 「tomari とまり(泊)」를 가리키는 것이라면, 「두마리 tu・ma・ri」나 「두마이 tu・ma・'i」의 형태로 표기되어야 할 것이다. 「白」도 아마 표기할 때 뭔가 누락된 것이 있었을 것이다.

80. 一 (63)쯔잇 stɯi・'is

[tiːtʃi] (hitotsɯ ひとつ)와 대응인가. 그렇다고 한다면 [tʃi]와 대응하는 「치 chi」나 「지 ci」 등이 표기 될 듯하다. 그러나 그렇게 표기하지 않은 것은 「쯔잇」이 [tiːtʃi] 가 아니라 [tiː]에 대응할 개연성이 높다는 것이 된다. 한글 「ㅆ」은 「無氣音」을 표시하고 있을 가능성이 있다. 또한 모음자 「ㅢ」는 「hute(tsɯ)」*/pute (tu)/ 에서 [tiː(tʃi)]에 이르는 도중의 어느 시점[138)]의 모습을 나타내고 있다고 생각한다.

「Clifford 유구(琉球) 어휘」에는 teetesee (one)이 있다.

---

138) [t'ïːt] 처럼 들렸었던가. [t'ït]의 발음이 끝나면 자연스럽게 혀가 치경에 닿고, 내파음 [t]의 상태가 되었다. 그것을 「-잇」의 「ㅅ」으로 나타내려고 했던 것이 아닐까. 「81. 二 (64)뚯」의 2번째의 (끝부분의) 「ㅅ」도 같다. 또한, 음운대응에 있어서 [tiːtʃi]를 「hitotsɯ(ひとつ)」가 아니라 「hutetsɯ(ふてつ)」로 거스르는 것은 다음과 같은 이유이다.

① 「hitotsɯ(ひとつ)」라면 같은 음환경에 있는 「ひと(人)」 [ttʃu]와 「ひとり(一人)」 [tʃuji] 등과 같이 [(t)tʃutʃi]나 [tʃuːtʃi]가 되어 「と」에 상당하는 부분이 [tʃu]와 같이 될 것이다.

② 「hitotsɯ(ひとつ)」가 아니라면 무엇인가. 「語音飜譯」에 있는 「請一鍾酒 사긔부뎨즈아긔리」의 「부뎨즈」 pu・tjɔi・cʌ가 그것이다. 이것은 「ひとつ」가 아니라 「ふてつ」에 대응한다고 생각할 수 밖에 없다 (誤記・誤寫가 없다는 것을 전제로).

81. 二 (64) 쏫 stʌs

「80. 一」과 같은 이유로 「hutatsɯ ふたつ」 [taːtʃi]가 아니라, 「ふた」 [taː]에 대응한다고 생각된다. 또 이것도 「80. 一」과 같이 「ㅅㄷ」은 무기음을 나타내고, 모음 「・」(ʌ)는 「huta(tsɯ)ふた(つ)」*/puta (tu)/에서 [taː (tʃi)]에 이르는 어느 시점의 모습을 나타내고 있다고 생각한다.

「Clifford 유구(琉球) 어휘」에 tatesee (two) 가 있다.

89. 錢 (65)칸의 khan・'ɯi

「카늬 kha・nɯi」라고 표기해도 되며, [kani]와 대응. 모음자 「ㅢ」는 */e/에서 /i/로 변화하는 과도기적 상태를 반영하고 있다고 해석된다.

91. 交易 (66)케라 khɔi・ra

[keːra] (變・換・代・替)와 대응한다고 생각된다. 「교역(交易)」하는 것은 「교환(交換)」하는 것이기 때문일 것이다.

「Clifford 유구(琉球) 어휘」의 kayra (exchange, to, fans)도 시사(示唆)해 준다.

93. 船 (67)후늬 hu・nɯi

[ɸuni]와 대응. 「늬」의 모음자 부분 「ㅢ」는 「89. 錢 칸의」의 「ㅢ」와

---

③ 「hutetsɯ(ふてつ)」라고 생각하면 뒤에 서술하듯이 (제8장 제1절 모음 p. 219), 본 「표해록」에 나타나는 한글 「ㅢ」(ɯi)가 */エ/에 대응하는 것과도 조응(照應)된다.

④ 또 「hutatsɯ(ふたつ)」가 현대어에서 [taːtʃi]인 것과도 평행적으로 설명이 가능하다. 즉 */putetu/ 「ふてつ」・ */putatu/ 「ふたつ」인 것 같이 /put-/의 /ɯ/에 무성화가 발단이 되어 변화가 일어나, 최종적으로는 [tiːtʃi]・[taːtʃi]에 도달하게 된 것이다. 아울러 『おもろさうし』에는 /hutetsɯ/ 「ふてつ」가 있다. /hitotsɯ/ 「ひとつ」는 없다.

같고 */e/→/i/의 과도적 모습이다.

「Clifford 유구(琉球) 어휘」에 hoonee (ship)이 있다.

94. 文字 (68)시미 si・mi

[ʃimi]와 대응. 음운적・형태적으로는 「묵(墨)」과 대응하는 어(語)이지만, 현대어에서도 「문자」 (그리고 학문)의 뜻으로도 쓰인다.

「Clifford 유구(琉球) 어휘」에 simmee (ink) 가 있다.

95. 筆 (69)후듸 hu・tui

[ɸudi]와 대응. 「듸」의 모음자 부분 「ᅴ」는 「89. 錢 칸의」, 「93. 船 후늬」와 같고 */e/→/i/ 도중의 모습을 나타내고 있다.

「Clifford 유구(琉球) 어휘」에 hoodee (pencil) 이 있다.

96. 紙 (70) 가빌 ka・pir

[kabi]와 대응. 그렇다면 「가비」의 표기가 적합하다. 2번째 음절 종성 「ㄹ」은 무엇인가. 「종이이다 (紙なのである)」라고 말한 경우의 [kabirujaru]의 [ru]에 해당하는 것일까? 회화체로서는 [jaru]를 생략하고 [kabiru]만으로도 완결될 수 있다. 또 다른 하나는 Ilokano(이로카노) 어의 「종이」 PAPEL과 혼효(混淆)되었을 가능성이다.

「Clifford 유구(琉球) 어휘」에 kabee (paper)가 있다.

97. 囊 (71) 밋씽 mis・sciŋ

미상(未詳). [mitʃiːɴ](닫다)와 관계가 있는가?

혹은 Ilokano(이로카노) 어인가? 다음을 참조.

bistí(Sp. *vestip*)[139], *agbistí*, To vest, *bistian*. To vest, to dress, to robe

98. 簪 (72) 이화 'i・hoa

[dʒiːɸaː]와 대응. 「파」(pha)가 아니라 「화」(hoa)로 표기되어 있는 것이 주목된다.

「Clifford 유구(琉球) 어휘」에 eepha, jeewa (pin worn in the hair of boys)라고 있다.

99. 扇 (73)오지 'o・ci

[ʔoːdʒi]와 대응.

「Clifford 유구(琉球) 어휘」에 ojee (fan)이라고 되어 있다.

101. 無 (74)비부랑 pi・pu・raŋ

미상(未詳). (억측해 보면, 「をりはべらぬ」 [wuibiraŋ]의 음위전환(音位轉換)도 생각해 볼 수 있다. [wu ibiraŋ][140) → [wubiraŋ] → [biwuraŋ] (부비랑) → (비부랑))

102. 好 (75) 주라사 cu・ra・sa

[tʃurasa] (청아함, 아름다움)과 대응.

「Clifford 유구(琉球) 어휘」에 choorasa (good, hanhsome)이 있다.

103. 大好 (76)주주라사 cu・cu・ra・sa

[tʃuːdʒurasa] (아주 청아함, 아주 아름다움)과 대응인가?

---

139) ILOKO-ENGLISH DICTIONARY에 의한다.
140) '부'를 [wu]에 대응시키는 것은 조선어의 역사적 음변화 [p→β→w]를 참조한 것이다.

105. 平安乎 (77)간쥬야 kan・cju・'ja

[gandʒuːjaː] (튼튼해, 건강해. 튼튼한데, 건강한데)와 대응인가?

「Clifford 유구(琉球) 어휘」에 ooganjoo(very well(speaking of health)) 라고 있다.

「呂宋」語의「아리우시 'a・ri・'u・sɯ」는 스페인어의 adios(안녕(헤어 질때))에 대응한다.

107. 何處在乎 (78)망카릐야 maŋ・kha・rɯi・'ja

[maːŋkajija] (어디에는)이나 [maːŋkajiga] (어디엔가)와 대응인가?

108. 白村在 (79)두마카릐 tu・ma・kha・rɯi

[tuma (ji) kaji] (숙박하러)와 대응인가?

「107」과 「108」에 관계하는 「Clifford 어휘」로는 다음과 같은 예가 있다.

amaki eechoong or moodoeeong (go to, on shore) (go to, on land, or shore)

109. 彼處 (80)아마까라 'a・ma・ska・ra

[ʔamakara] (저곳에서)와 대응. 「까」의 「ㅅ」에 대해서는 앞의 (→ P(12))의 무기음표기에서 기술하였다.

「Clifford 유구(琉球) 어휘」에 다음과 같은 것이 있다. -kara (by and by) (directly) (to offer a)

111. 取來 (81) 무씬지꾜 mu・scin・ci・sko

[muttʃiʔndʒikuː] (가지고 갔다 오너라)와 대응인가.

「Clifford 유구(琉球) 어휘」에 다음과 같이 기술되어 있다.

mootchee coo (bring here)

mootchee eechoong (carry to, or take away)

moochee eechoong (ship returns)

moochoong (lift, to, a thing) (pick up anything, to)

choong (come to) (go, to) (ren, to)

choo-oong (come, to)

coo (bring here) (come here) (going down below)

제7장
「언어」 「여송(呂宋)」어

제7장
「언어」 「여송(呂宋)」어

다시 표류(漂流)한 후, 약 10개월 정도 체재한 지역이 「여송(呂宋)」의 「一唡呢」(ILOKO 일로코, ILOKANO 일로카노) 지역이었던 것을 생각하면 당연한 결과이지만 여기에 수록된 「여송(呂宋)」어는 「Ilokano(일로카노)어」이다. Chabacano[141] 「차바카노어」라고 판단되는 것도 있지만, Tagalog 「타가로구어」 같은 것은 수록되어 있지 않다.

지금 「여송(呂宋)」어에 관해서 「유구(琉球)」어 처럼 분석할 수 있는 역량을 갖추고 있지 않기 때문에 수록된 각 언어가 현대 Ilokano(일로카노)어에 대응한다고 판단되는 부분을 지적하는데 그칠 것이다.

현대 Ilokano(일로카노)어는 주로 Ernesto Constantino (1971)의 『ILOKANO DICTIONARY』에 준하는 것으로 한다. 특히 지장이 없는 한 같은 『일로카노어사전』에서 인용한다.

3. 女 ① 신교 sin・kjo

미상(未詳). 『일로카노어사전』에 없음. 덧붙여 Tagalog(타가로구어)[142]의 「女」는 babáe이다.

---

141) 필리핀 제도 각지에서 사용된 스페인어와 토착어를 기초로 한 혼성어를 총칭하여 찬바카노 (대중의 「말」)이라고 부른다. (『フィリピンの事典』 p226).
142) Teresita V. Ramos (1971)에 의한다.

6. 大官 ② 아리가 'a・ri・ka

ARI, n.[143) king, emperor, ruler

KA, pron.[144) you [Sg.][145) : the enclitic nominative of SIKA.

「유구(琉球)」어일 가능성도 있다. [ʔariga] (저것이, 그가, 그녀가)에 대응한다고 생각한다.

더불어 필리핀 유학생[146)들에게 얻은 자료를 덧붙인다.

Hari [haːri] = king

[haːri kʼa] = You are a king.

7. 小官 ③ 기쎄단 kʌi・spi・tan

KAPITAN [f. Sp.][147), n. captain

「캡틴, 船長」이다.

10. 修道人 ④ 쌘릐 spʌ・rɯi

1. PADRE [padrɛ ; f. Sp], n. a term of address for a priest used with his family name.

2. PADRE [padrɛ ; f. Sp], n. short of KUMPADRE.

만자노[148)씨에 의하면, pari로 priest를 의미한다고 한다.

---

143) n. 은 noun (명사).
144) pron. 은 pronoun (대명사).
145) Sg. 는 Singular (단수).
146) 1991년 4월부터 같은해 9월까지 「히로시마대학(広島大学) 유학생센터 일본어연수코스」에 재적한 다음의 3명의 유학생들이다.
　○ Maria Iluminada Lapid
　○ Rodivick Mnana Olofernes
　○ Philbert De Los Santos Bonilla
　이하, 이 세 사람에게 얻은 자료를 나타내는 경우에는 {유학생}이라고 간략하게 표시한다.
147) f. Sp.는 from Spanish (스페인어 유래)

11. 土人^{所奉}^{大神} ⑤ 쥔다마리 cɰin・ta・ma・ri

「サンタ・マリア」santamaria (St. Maria) [기도의 말]일 것이다. {유학생}

15. 彼人 ⑥ 곰썬릐 kom・spʌ・rɰi

KOMPADRE [kompadrɛ ; f. Sp.], n.

1. the godfather of one's child. (이하 생략)

2. a title of address or reference for the godfather of one's child (sometimes followed by the first name or nickname of the godfather).(이하 생략)

KOMPARE, var.[149] of KOMPADRE

kumpare [k'ump'are] = 저 사람 {유학생}

kompari = a man who is a foster father of a child {만자노}

21. 坐 ⑦ 씌인다 ssɯi・'in・ta

미상(未詳).

23. 唯 ⑧ 여얼 'jɔ・'ɔr

미상(未詳). 다음 단어는 참고로 기술해 둔다.

---

148) Virgilio U. Manzano 히로시마대학(広島大学) 교육학부 강사. 필리핀 루손섬(Luzon Island) 일로카노(Ilokano) 지방 (Pangasinan Urdaneta) 출신. 일로카노어, 타가로구어, 영어, 일본어가 뛰어남. 일로카노어는 「제1언어」의 하나 (아버지의 언어, 어머니의 언어는 판가시나어(Pangasinan). 이하, 만자노씨에게서 얻은 자료를 나타내는 경우는 {만자노}로 표기한다. (동씨(同氏)에게서 「자료」장의 루손 관계 사진을 제공받았다.)

149) var.은 variable; variant; variation, variety

1. YO, pron. by you (pl.)[150], you (pl.) (as actor) : the agent of DAKAYO.

2. YO, pron. You (pl.) : the enclitic possessive of DAKAYO.
   ULO, n. head, roof.

25. 眠 ⑨ 돌노비 tor・no・pi

TURUG, v.[151] / MA- / to sleep.

26. 死 ⑩ 물니다라 mur・ni・ta・ra

스페인어 moridera(실신), morir(죽다)와 관련이 있겠다.

29. 謝罪 ⑪ 신이오라 sin・'i・'o・ra

이것은 스페인어의 señora (여주인, 처, 부인)에 대응한다. 「사죄(謝罪)」의 의미는 없다.

Senyora = married woman {만자노}

Senyora = master's wife by workers {유학생}

30. 辱人 ⑫ ᄀ리후 kʌ・ri・hu

미상(未詳). 다음 어(語)는 무엇인가 관련이 있을 것 같다.

KARIBUSO, v. to hustle and bustle, to move briskly.

「계속 밀어 넣다, 억지로 집어 넣다」, 「동분서주하다, 재촉하다」, 「위세 좋게 움직이다」는 「욕인(辱人)」과 연관이 있는 것 같다.

---

150) pl.은 plural (복수).
151) v.은 verb (동사).

31. 不知 ⑬ 미아싸비 mi・'a・ssa・pi

MI, pron. by us[152] (excl.), we (actor) ; the agent of DAKAMI

A, adv.[153] indeed, of course; then ; (이하 생략)

이것들과 스페인어의 saber (알다, 알고 있다) 가 같다고 생각된다. 그러나 그렇다고 하면 of course se know 인가. 「不知」가 아니라 「知」가 된다.

32. 可憐 ⑭ 보불에 po・pur・'ɔi

POBRE [pobrɛ; f.Sp], adj.[154] / (NA) / poor, indigent

33. 月 ⑮ 즈믜 cɯ・mɯi

「月」에 관한 일로카노(Ilokano)어에는 다음과 같은 것이 있다.

LUNES [f.Sp.], n. Monday

BULAN, n. 1. moon. 2. month

그러나 어느 형태도 「즈믜」와 대응하지는 않는다. 이것들 보다는 스페인어의 달력상 「月」을 나타내는 mes 쪽이 가능성이 높다. 물론 이대로는 대응하지 않는다. 「믜즈」이어야 할 것이 음위전환(音位轉換)을 일어켜서 「즈믜」가 되어버렸다 (기억・기록되었다)고 생각된다.

달력상 「月」이라고 한다면 「유구(琉球)」어의 「과치」와도 서로 일치한다. 이 「과치」는 「쇼과치(正月), 임과치(二月) 산과치(三月)……」등의 「-과치」를 따로 떼서 항목을 세웠다고 판단되기 때문이다. (→「유구(琉球)」어의 해설참조. p.181)

---

152) excl.은 exclusive (제외적).
153) adv.는 adverb (부사).
154) adj.는 adjective (형용사).

49. 水 ⑯ 싼놈 stan·nom

DANUM, n. water.

51. 馬 ⑰ 가마 ka·ma

KABALYO [f. Sp.], n. horse. -var. (rare) KABAYO.

유성음・무성음을 시차적(示差的) 특징으로 하지 않는 한국어에 한하지 않더라도 [b]와 [m]과의 교체는 잘 일어나므로, 미지(未知)의 언어인 [-ba-]를 [-ma-]로 듣고, 그것을 한글로 「-마」로 표기했을 것이라는 상상은 어렵지 않다.

KABALYO이는 KABAYO이든 -LYO, -YO는 탈락한 (시킨) 것이라고도 생각되지만, 혼동에 의해서 다음 항목 「52. 牛」에 기입해버렸다고 보는 것이 온당할 것이다 (마싀오 의 -오).

52. 牛 ⑱ 마싀오 ma·skʌ·'o

BAKA [f. Sp.], n. cow, bull, ox ; cattle ; beef

[b]를 [m]으로 해버린 이유는 ⑰馬와 같음. 특히 이 예는 어두(語頭)이기 때문에 더욱 그러하다. 어두(語頭)에 유성자음이 나타나지 않는 한국인의 귀에는 [b-]는 [m-]으로 밖에 들리지 않는다. 뒷 항목 (⑲ 마부, 마가시)도 같다.

(당시 일로카노(Ilokano)어에서 [m]이었던 것이 현대어로 [b]가 되지는 않았을 것이다.)

53. 豕 ⑲ 마부 ma·pu

BABUY, n. l. pig, swine. 2. (생략)

한국어의 「ㅂ(p)」은 모음 사이에서 [b]가 되기 때문에 [-b-]를 정확하게 들었다고 말할 수 있다.

54. 鷄 ⑳ 만속 man・sok

MANOK, n. chicken.

55. 米 ㉑ 마가시 ma・ka・si

BAGAS, n. 1. husked or polished rice. Awan ti bagas mi. We have no (polished) rice. 2. (생략)

한글의 「ㄱ(k)」은 모음 사이에서 [g]가 되는 것이 보통이기 때문에 BAGAS의 -GA-를 바르게 전사(傳寫)한 것이 된다. 마지막의 -S를 「시」로 표기한 것이 흥미있다.

59. 烟草 ㉒ 다박귀 ta・pak・kui

TABAKU, n. tobacco.

64. 繩 ㉓ 노빌 no・pir

LUBID, n. string

특히 어두(語頭)인 경우 한국어의 「ㄹ(r,l)」은 「ㄴ(n)」으로 잘 교체된다.

68. 福建 ㉔ 의무 'wi・mu

「의무」 미상(未詳).

<참고> emo = me, I (판가시난어((Pangasinan)) {유학생}

69. 北京 ㉕ 마다리 ma・ta・ri

「마다리」 미상(未詳).

mandarin (중국인, 중국어)의 가능성도 생각할 수 있다.

70. 朝鮮 ㉖ 약방 'jak・paŋ

「약방」미상(未詳).

71. 澳門 ㉗ 마짜외 ma・ska・'oi

마카오(Macau). 『일로카노어사전』에는 없음.

72. 一咾呢 ㉘ 일노쇼 'ir・no・sko

ILOKO, var. of ILOKANO.

ILOKANO, n. 1. one of the Philippine language spoken principally in Northean Luzon. 2. a speaker, especially a native speaker, of this language.

-var. ILOKO, ILUKANO, ILUKO.

73. 西南馬宜 ㉙ 셔람마기 sjɔ・ram・ma・ki

(參考) BAGIO, var. of BAGYO.

「셔람」은 한국어의 「西南・셔남」(「ㄹ」과 「ㄴ」과의 교체가 있을 수 있으며, 현대어는 서남) 일 가능성도 부정할 수는 없지만 발음만을 나타내고 있을 가능성이 높다.

항목 순서 「일노쇼, 셔람마기, 방아시나, 말니라」가 지리상(地理上)으로 북에서 남으로 순서대로 기술했다고 한다면 「셔람마기」는 BAGIO로도 추정할 수 있겠지만, 여정상(旅程上)으로는 그렇게 되지 않는다. 또한 p118 注(20) 및 「후기」도 참조.

74. 王都 ㉚ 방아시나 paŋ・'a・si・na

팡가시난 (Pangasinam) (장소 이름). Binalatongan 비나라통안 지방의 수도(首都)가 팡가시난 이었다. 「팡가시난」은 옛날 하나의 왕국이었다. {만자노}

75. 福建人所居里 ㉛ 말니라 mar・ni・ra

マニラ (Manila) (장소 이름). 「본문」 중에 「末利羅」라는 단어가 있다 (영인본 p.4, 8행째의 주).

76. 日本 ㉜ 합분 hap・pun

HAPON [f. Sp.], n. 1. Japan. 2. Japanese.

78. 大 ㉝ ᄀᆞ란듸 kʌ・ran・tɯi

스페인어 grande (おおきい).

79. 小 ㉞ 아다 'a・ta

「100. 有 (48) 아다」참조.

80. 一 ㉟ 매ᄉᆞ mai・sʌ

MAYSA, num. one ; −var. -YSA, -SA, -SAN. −syn.[155] UNO, UNA

---

155) syn.은 synonym (동의어).

81. 二 ㊱ 노이 no·'i

DOS [f. Sp.], num. two

「52. 牛 ⑱ 마˙오」에서 서술한 [b]와 [m]과의 관계가 평행적으로 [d]와 [n]과의 관계로서 실현된다. 전자(前者)의 양순(유성파열)음 : 양순(비)음의 관계에 대해 후자(後者)는 치경(유성파열)음 : 치경(비)음이라고 하는 관계이다.

82. 三 ㊲ 달노 tar·no

TALLU, num. three, 3. -var. -TLU. -syn. TRES.

한국어의 「-ㄹ·ㄴ-」은 동화작용에 의해 음성적으로 「-ㄹ·ㄹ-」로 실현하기 때문에 「달로 tar·ro」로 쓰는 것과 같이 되므로 TALLU와 대응한다.

83. 一錢 ㊳ 매ㅅ쏘아리사 mai·sʌ·sko·'a·ri·sa

「매ㅅ」는 「80. 一 매ㅅ」(MAYSA) 와 같다.

「쏘아리사」에는

KUARTA [f. Sp.], n. money. -syn. PIRAK.

을 대응시킬 수 있을 것이다. 단 이것은 스페인어의 cuarta (4분의1)과 대응한다고 생각되기 때문에 「매ㅅ쏘아리사」는 「1쿼터(quarter)」 즉 「25센티보(cêntimo)」를 나타내는 것이다.

84. 大銀錢 直銅錢 八十文 ㊴ 비슈 pi·sju

PISOS [f. Sp.], n. peso ; one hundred centavos. 1페소(peso) (100센티보(cêntimo))

85. 中銀錢 ㊵ 살노빗 sar·no·psʌ

「살노」는 「㊲ 달노」와 같을 것이다.

PISI, n. half of, piece, part. portion.

「반 페소」즉 50센티보이다.

86. 小銀⌷二 ㊶ 멩텅 mjɔiŋ·thɔŋ

BENTE [bɛ́ntɛ ; f. Sp.], n. 1. twenty. 2. twenty centavos

[b]와 [m]과의 교체(대응)에 대해서는 앞에서 서술한 (→51. 馬 ⑰가마, 52. ⑱ 마ʃ오). 20 센티보. 「注」의 「直二十」과 서로 대응한다.

87. 小小銀錢⌷ ㊷ 식가빗 sik·ka·pʌs

SIKAPAT, num. a unit of money worth twelve and one-half centavos or half of twenty-five centavos.

「注」의 「直十」을 존중한다면 「10 센티보」일 가능성이 있다.

88. 最小銀錢⌷五 ㊸ 싀가월노 sɯi·ka·'uɔr·no

SINGKU [f. Sp.], num. five, 5. -syn. LIMA.

LIMA, num. five ; 5. -syn. SINOKO.

「월노」는 「(37) 달노, (40) 살노」와 관계가 있다.

「注」의 「直五」가 말하는 것처럼 「5 센티보」일 것이다.

89. 錢 ㊹ 부악 pu·'ak

PIRAK, n. money. -syn. KUARTA.

KUARTA [f. Sp.], n. money. -syn. PIRAK.

PIRAK과 「부악」과는 첫 음절째의 모음이 예외적인 대응('I'와 「ㅜ」)

를 보이고 있지만 ('R'의 탈락도), 단어(語) 전체로 보면 동일한 것이다
(최종의 '-k'와 「-ㄱ」과의 대응은 아주 적절하다).

90. 價幾何 ㊺ 쏨쌰릐관도예시 skom・spa・rɯi・
koan・to・'jɔi・si

「쏨쌰릐」와 「관도예시」로 분리가 가능하며, 「쏨쌰릐」는 「15. 彼人 ⑥
곰쌘릐」의 변형, 「관도예시」는 스페인어의 ¿Cuánto es? (얼마입니까.)
에 대응한다고 생각하여, 「뭐야156), 얼마입니까.」의 의미로 해석된다.

92. 家舍 ㊻ 가산 ka・san

마지막 음절의 종성 「-ㄴ(n)」이 무엇인지 의문은 있지만, 이 항목은
스페인어의 casa(집)로 생각된다. 「-ㄴ(n)」은 혹시 Está en casa. (집에
있다)의 'en' 일지도 모른다.

93. 船 ㊼ 삼반 sam・pan

sampán157). Samsampán (obs.)158). Sampan.
「거룻배」라는 뜻이다.

100. 有 ㊽ 아다 'a・ta

ADDA, as a particke it indicates : 1. the existence or presence
of someone or something. Adda tao idiay balay. There is someone
in the house. 2. the possession of something by someone. Adda

---

156) compadre의 「호칭」으로의 轉用이라고 생각한다.
157) ILOKO-ENGLISH DICTIONARY에 의한다.
158) obs.는 obsolete (廢語).

kuartam? Do you have money?

v./MA-AN/ to have, to be in possession of. Naaddaan kami tikatulag. We had a helper. -ant.[159] AWAN

101. 無 ㊾ 아완 ’a·’oan

AWAN, as a particle it indicates : 1. the non-existence of absence of someone or something. Awan ti tao idiay balay. There is nobody in the house. 2. the non-possession of something by someone. Awan latta ti gasat ko. I simply don’t have any luck. -ant. ADDA.

102. 好 ㊿ 뫼노 moi·no

스페인어 bueno(좋다)와 대응한다.

한글의 「ㅁ(m)」과 「여송(呂宋)」어의 ‘b’에 대해서는 앞에서 서술했다 (→51. 馬 ⑰ 가마, 52.牛 ⑱ 마씨오).

104. 出入 51 홀루비 hur·ru·pi

미상(未詳). 스페인어의 frecuentar (자주 가다), frecuentemente (자주)와 관계가 있을지도 모르겠다.

105. 平安乎 52 아리우시 ’a·ri·’u·si

스페인어 adiós (안녕, 작별인사)이다.

---

159) ant.는 anti- (반대-).

106. 那裏去乎 53 곰쌔릐먼듸바시야 kom・spa・rɯi・mɔn・tɯi・pa・si・'ja

「곰쌔릐」는 「(45) 쏨쌔릐」와 같다. 즉 「15. ⑥ 곰쌘릐」의 변형이다. 「먼 듸」는 스페인어의 dónde (어디, 어디에, 어디로) 일 것이다. 「바시야」에 관해서는

PASYAR [f. Sp.], v./AG-/to take a walk, promenade. /MANG- : -EN/ to visit, call on. /MANGI- : I-/to take for a walk.

가 관련이 있을 것으로 추정된다. 「당신 (호칭), 어디에 갑니까.」로 해석 할 수 있겠다.

112. 未去 54 문시못바시야 mun・si・mos・pa・si・'ja

「바시야」는 「(53) 바시야 PASYAR」와 같을 것이다. 「문시못」은 미 상(未詳)이지만,

MISMO [f. Sp.], adv. specifically, for sure.

일 가능성도 있다. 그렇다고 한다면 「꼭 가겠습니다.」라고 해석 할 수 있지만, 한어(漢語)인 「未去」와는 일치하지 않게 된다. 그러나 「未去」는 「將去」와 표리(表裏)의 관계에 있다고도 말 할 수 있다.

다른 하나의 가능성은 스페인어의 2인칭 복수 (대명사) vosotros일 경 우로, 「당신들 가겠습니까 (= 아직 안갑니까)」로도 생각해 볼 수 있다.

(「문씨」가 「文氏」, 「못」이 한국어의 불가능을 나타내는 접두사라고 한다면, 文氏 못 pasyar 라고 하는 재미있는 조합이 된다. 너무 지나친 추측이겠지만.)

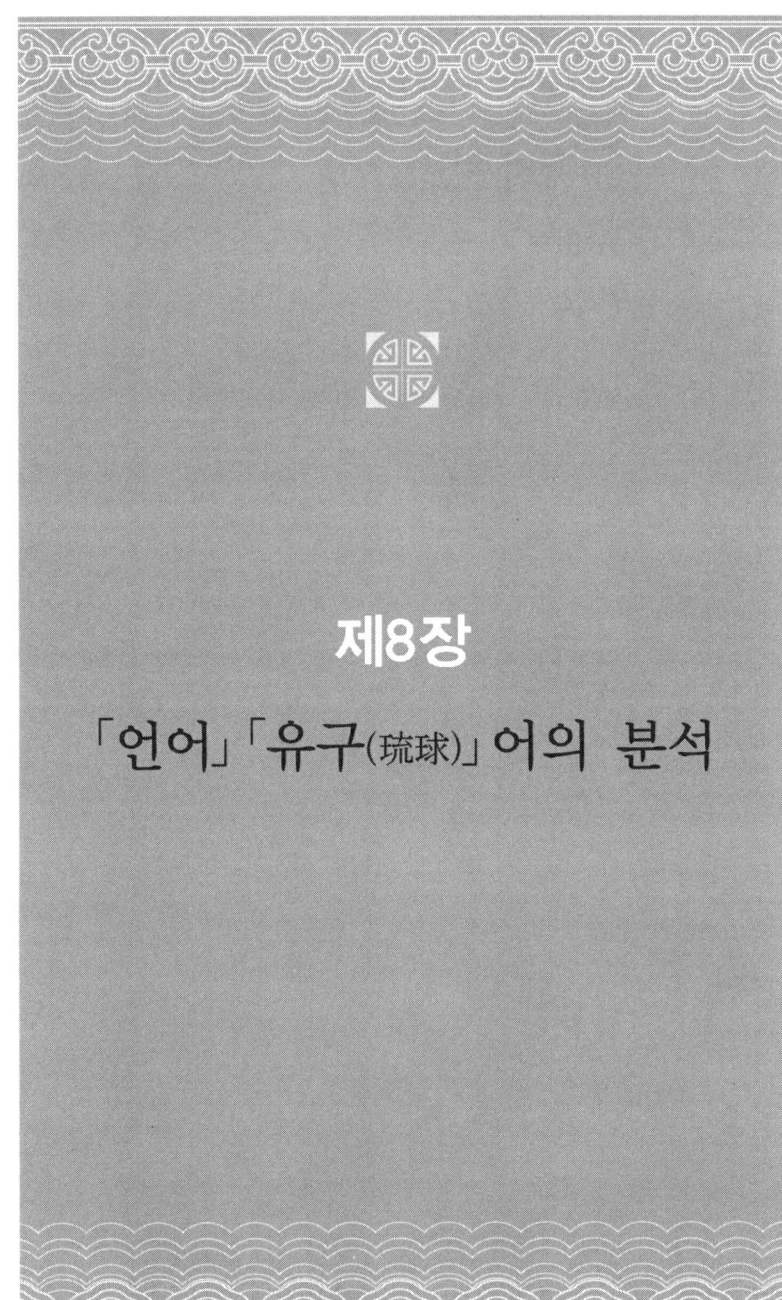

제8장

「언어」「유구(琉球)」어의 분석

제8장
「언어」「유구(琉球)」어의 분석

본 「표해록」과 동시대, 동지역의 유구어(琉球語)를 기록했다고 생각되는 「Clifford 유구(琉球) 어휘」에 관해 이전에 분석한 적이 있다(多和田 1980). 그 결과를 참고하면서 「언어」「유구(琉球)」어를 분석하고자 한다.

다만 자료의 성질상 형태(形態)·통사(統辭)에 관한 재료가 없기 때문에 유감스럽게도 음성(音聲)·음운(音韻)에 한정된 분석을 할 수밖에 없다.

그런데 특히 외국(어)자료를 대상으로 하는 경우, 그 필록자(筆錄者)의 언어(방언)의 영향이 자료에 나타나 있을 가능성도 고려해 둘 필요가 있지만, 본 자료에 있어서는 이것이 이중구조(二重構造)가 되어 있다. 보통은 「유구(琉球)」어 및 「여송(呂宋)」어를 접촉한 사람들이 전라도 (우이도) 언어를 사용하는 사람이므로 그 배경만을 생각하면 좋을테지만 이번은 필록자(筆錄者)가 (우이도 사람들이 아니라) 전라도 언어 이외의 사용자이므로 주의할 필요가 있다. 정약전(丁若詮)의 말이 중앙(서울)어이었을 것은 의심의 여지가 없으며, 유암(柳菴)이라고 해도 유배당한 사람이라 생각되므로 같을 것으로 생각한다. 그렇기 때문에 전라도 말을 배경으로 한 사람들이 발음한 「유구(琉球)」어와 「여송(呂宋)」어를 「한글」이라고 하는 문자로 표기하는 시점에서는 중앙어(서울말)를 배경으로 「번안(飜案)」된 자료가 되었다고 보는 것이 타당하다. 물론 전라도 말을 전혀 고려하지 않는 것은 아니지만, 앞으로의 분석에 있어서는 주로 중앙어(서울말)를 대상으로 하면 될 것으로 본다.

아울러 多和田(1980)에서는 「Clifford 유구(琉球) 어휘」를 분석해서 다음과 같은 결과를 얻었다.

모음

1. /i/ [i, I, e, ï, ə]

　　철자 : i , ee, e, (ay), u

2. /ɛ/ [ɛ]

　　철자 : ai, ay, ayeh, a

3. /a/ [a, ɑ, ʌ]

　　철자 : a, aa, au(gh), aw, e, u, o, i(gh)

4. /u/ [u, U, o]

　　철자 : u, oo, o, ou, wi, a

5. /ɔ/ [ɔ]

　　철자 : o, au, aw

6. 장모음(長母音) 있음

7. 모음의 무성화(無聲化) 있음

반모음

8. /j/ [j]

9. /w/ [w]

자음

10. /k/ [k, kʰ]

　　철자

ki, kee	kay	ka, ke, ku	koo, ko	ko, kaw
		ca	cu, coo, co	co
qui, qwee	quai	qua, quaw		

11. /g/ [g]

철자

gi, gee, ge	gai, ga	ga, gu	goo, go	go, gaw
		gua, gwaw		

12. /t/ [t, tʰ]

철자

ti, tee, te	tayeh	ta, to	tu, too, twi	to, taw

13. /d/ [d, ɾ, l]

철자

dee, de	dai, deh	da	du, doo, do	daw
		la	loo	
		dle		
ri, ree	ree	ra, ru, ro	roo, ra	

14. /p/ [p, pʰ, ɸ, ç, h]

철자

pi, pee	pay	pa, (pha)	poo	
fi, fee	fa	fa, pha	foo	
whfee	whfa			
	wfay			
			whoo	who
hee	hayeh	ha, ho, high	hoo, ha	ho, haw

15. /b/ [b]

철자

bi, bee	ba	ba, bau(gh), bu, bo	boo	bō, baw

16. /s/ [s, ʃ]

철자

si, see, se	sayeh	sa	soo	sau, saw
shi, shee, (shay), shu	shay	sha, shu	shu, shoo	shaw

17. /c/ [ʧ, ts]

철자

chi, chee, (chay)	chay	cha, chu	choo	chaw
tchee		tcha		
tsi, tsee		(tsa)		
sti, stee				
tzee		(tza)		

18. /z/ [ʤ, dz, z]

철자

ji, jee		ja, je	joo	jaw
zi, zee, zzee		za		
djee				
dsee				
dzee			dzoo	
dge-ee				

19. /m/ [m]

철자

mi, mee	may	ma, mo	moo	mo, maw

20. /n/ [n, ɲ]

철자

ni, nee, (nay)	nay, na	na, nigh	noo, no, nou, na	no-a, nau, naw
gnee		nea, nya, gnea, gna		

21. /ʔ/　/'/ 있음

撥音

22. /N/　[m, n, ŋ, N]

促音

23. /Q/

「공시태(共時態)」를 고집한 나머지 /i/ [i, I, e, ï, ə], /d/ [d, ɾ, l], /p/ [p, pʰ, ɸ, ç, h] 등과 같이 무리하게 정리를 해 버린 곳도 있지만 대략적인 분석 결과는 유효하다고 생각한다.

　고찰하는데 있어서 전제로 多和田(1979)에서 본 것처럼 오키나와섬 (沖繩島) 중부・남부지역의 말은 15세기 전반까지 단모음이 /i/ /e/ /a/ /u/ /o/의 5개였다고 생각한다. 이것을 앞으로 기술하는데 있어서는 각각 */イ(i)/, */エ(e)/, */ア(a)/, */ウ(u)/, */オ(o)/로 표시한다. 또 같은 이유로 */キ(ki)/, */ケ(ke)/, ……*/ス(su)/, …*/チ(ci)/, ……*/ツ(cu)/…… 등의 표시도 사용한다 (15세기 이전의 「キ」「ケ」……라는 의미로).
　지난 번(1980)의 분석이 「공시태(共時態)」을 너무 고집 한 것에 대한 반동(反動)은 아니지만, 지금까지 주로 「어음번역(語音翻譯)」과 「Clifford 유구(琉球) 어휘」를 자료로 하여 살펴 온 「오키나와어(沖繩語)의 음변화 (音変化)」에 본 자료 「표해록(漂海錄)」의 빛을 비추는 것으로 검증해 보고자 한다.

또한 용례는 한글과 한글 번자(翻字)로 나타낸다. 그리고 그 표시 방법은 다음과 같다.

㉮ (「유구(琉球)」어 일련번호)
㉯ 용례 한글 및 한글 번자(翻字)
㉰ [대응 일본어]
㉱ 한어(漢語) 일련번호
㉲ 한어(漢語)

<예> ㉮   ㉯   ㉰   ㉱   ㉲

(69)   후듸 hu・tɯi [ふで] 95   筆

제1절 모음

{1} */ㅗ(e)/와 */イ(i)/

현대어에서는 모두 같은 /i/ [i]라 하여도 거슬러 올라가면 */ㅗ(e)/에 대응하는 것과 */イ(i)/에 대응하는 것이 있기 때문에 그 관점에서 용례를 볼 필요가 있다.

*/ㅗ(e)/에 해당하는 부분은 아래와 같이 한글로 「·ㅣ」(ʌi), 「ㅢ」(ɯi), 「ㅣ」(i)와 같은 3종류가 나타나고 있다.

「·ㅣ」(ʌi)의 예

(16) 딘이 tin·'ʌi ⟨tan·'ʌi⟩ [たね 種] 19 陽莖

(22) 이니띠 'i·nʌi·tsi [いねて] 25 眠

「ㅢ」(ɯi)의 예

(29) 간의 kan·'ɯi ⟨kan·cɯi, kan·zɯi⟩ [かぜ] 34 風

(65) 칸의 khan·'ɯi [かね] 89 錢

(51) 군희부 kun·hɯi·pu [くねんぼ 九年母] 56 橘

(69) 후듸 hu·tɯi [ふで] 95 筆

(67) 후늬 hu·nɯi [ふね] 93 船

「ㅣ」(i)의 예

(57) 시리 si·ri [(キ)セル] 62 烟臺

(22) 이니띠 'i·nʌi·tsi [いねて] 25 眠

(81) 무씬지꼬 mu·scin·ci·sko [もちていきてこ] 111 取來

(50) 구미 ku·mi[160] [こめ] 55 米

우선 주목되는 것은 */ネ(ne)/에 해당하는 부분이 nʌi(←－n・'ʌi도 결과적으로 같음)와 nɯi(←－n・'ɯi, －n・hɯi도 결과적으로 같음)가 같이 나타나는 것이다. 음운론적으로 처리한다면 하나로 귀결되는데 좋은 예가 되지만 이러한 분석을 하기 이전의 단계에서 고찰한다.

그 전에 「・ㅣ」「ㅢ」에 관한 「여송(呂宋)」어의 용례도 다루어 둔다. 용례의 표시방법은 앞에서 기술한 것에 따라서 「여송어(呂宋語) 일련번호 : 용례 한글 및 한글 번자(翻字) : 대응 일로카노어(혹은 스페인어) : 한어(漢語) 일련번호 : 한어(漢語)」로 한다. 아래와 같다.

③ ᄀᆡᄲᅵ단 kʌi・spi・tan [KAPITAN] 7 小官
⑮ 즈믜 cɯ・mɯi <mɯi・cɯ> [mes] 35 月
㉝ 란듸 kʌ・ran・tɯi [grande] 78 大
(53) 먼듸 mɔn・tɯi [dnde] 106 那裏
㊸ 싀가월노 sɯi・ka・'uɔr・no [SINGYU(TALLU)] 88 最小銀錢
④ ᄡᆞ릐 spʌ・rɯi [PADRE] 10 修道人
⑥ 곰ᄡᆞ릐 kom・spʌ・rɯi [KOMPADRE] 15 彼人
⑤ 즨다마리 cɯin・ta・ma・ri [santamaria] 11 土人

1800년경의 한글 음가(音價)에 대해서 고찰해 본다.

「・ㅣ」(ʌi)는 허웅(1965)에 의하면 다음과 같다.

---

160) ㊿ 구미 ku・mi [こめ]는 「구믜」(ku・mɯi)라고 써도 좋을 것 같지만, 「ㅁ」(m)이 「ㅡ」(ɯ)도 겸한 울림을 가지고 있는 것과, 다음에 인용하는 것이 겹쳐져, 이러한 표기가 되었다고 생각된다.
「근대어의 시기에 일어난 주목할 만한 모음 변화의 하나에 순음(脣音) 'ㅁ, ㅂ, ㅍ, ㅄ' 아래의 모음 'ㅡ'의 원순화가 있었다.」「이 원순 모음화는 17세기 말엽에 이루어진 것으로 추정된다.」(李基文(1972) P202)

$$/ʌj/ > /aj/$$
$$\left.\begin{array}{c} \\ \\ /aj/ - /aj/ \end{array}\right\} > /ɛ/ \quad \text{(注)} /ʌj/는 「ᆡ」임.$$

로 변화되었을 가능성이 많다. 「·」의 소멸을 1780년경으로 본다면,

$$/ʌj/ > /aj/$$

의 변화도 역시 같은 시기였을 것이니, 다음 단계인

$$/aj/ > /ɛ/$$

의 변화는 1800년 이후의 일로 생각하지 않을 수 없다. (P436~437)

또, 이기문(1972)에는 다음과 같이 기술되어 있다.

모음 '·'는 앞서 16세기에 제 1단계의 소실(제 2음절 이하에서의 소실)
을 경험했는데, 18세기 후반에 와서 제 2단계의 소실 (어두 음절에서의
소실)이 일어남으로써 완전히 그 자취를 감추게 되었다. (P200)

음소 '·'는 소멸했으나 문자 '·'는 현대 정서법(1933)에 의하여 폐지될
때까지 계속 사용되었다.

이 '·'의 소실로 제1음절의 이중모음 'ᆡ'가 'ㅐ'로 변했는데, 그 얼마 뒤
에 'ㅐ' [ai]와 'ㅔ' [əi]는 각각 [ɛ] [e]로 단모음화하였다. (P201)

이중모음 'ㅐ', 'ㅔ'의 단모음화는 18세기 말엽에 일어난 것으로 결론지
를 수 있다. (P202)

다음으로 「ㅢ」(ɰi)에 대해서 보자. 「ㅢ」는 현대어로는 「ㅡ」 ([ɰ] 혹
은 [i])나 「ㅣ」 ([i]) 중 어느한 쪽으로 발음하는 경향이 있고, 소유격을
나타내는 「의」의 경우는 [e]가 되는 것이 보통이다. 여기에 이르는 과정
을 許雄 (1965)은 「/ij/의 불안정」이라고 말하고, 「불안정하게 된 것은」

「19세기부터라고 생각된다.」(P438) 라고 하고 있다. 또 李基文(1972)에는 「중세말엽에 '불휘'(根)의 'ㅟ'가 'ㅢ'로 나타나는 예가 있지만」, 「이 경향은 17세기가 되어서 일반화되었다.」(P203)가 있고, 또 「여기에 와서 다시 'ㅢ>ㅣ'의 변화가 일어났다」(같은 페이지)와 「19세기에 들어와 'ㅅ ㅈ ㅊ' 다음의 'ㅡ'가 'ㅣ'로 변화한 단어가 많이 발견된다」(같은 페이지)와 「16세기에 'ㆍ'가 비어두음절(非語頭音節)에서 'ㅡ'로 변화한 사실」(같은 페이지) 등이 참고가 된다.

또 한글 「ㅢ」(ɯi)의 용례는 */エ/에 상당하는 부분 이외에는 다음 2가지의 예가 눈에 띈다.

(44) 미즤 mi・cɯi [みづ] 49 水
(63) 씌잇 stɯi・'is [ひと(つ)] 80 一

이것들에 대해서는 뒤에서 서술한다 ({5} 모음의 무음화 (P(227)), 제6절 「무기음표기」 (P(246)), 제7절 「구개화・파찰음화」 (P(250)).

이상의 것과 「ㅔ」(ɔi), 「ㅐ」(ai)의 용례가 장음 [ɛː]을 표시하고 있는 것 (後述. {4} */ai/ */ae/), 그리고 「Clifford 유구(琉球) 어휘」의 결과 등을 대조해보면, 「ㆍㅣ」와 「ㅢ」는 [ɛ] 및 [e]를 나타내고 있을 가능성이 높고, 또 [ï] 근처까지 반영하고 있다고 생각된다.

「ㅣ」로 나타난 예가 */i/ 뒤의 「て」(te)였고, 거의 [i]가 되었던 것과 서로 상응한다.

*/イ(i)/에 대응하는 부분은 예외없이 「ㅣ」(i)이다. 주요한 용례만을 든다.

*/イ(i)/의 용례

(25) 우두이리 ’i・nʌi・tsi [いねて] 25 眠

(53) 욱이 ’uk・’i [をぎ 荻] 58 甘蔗

(48) 시시 si・si [しし] 53 豕

(23) 신융 sin・’juŋ [しぬ] 26 死

(42) 시와시 si・’oa・si [しはす] 47 十二月

(41) 시모지지 si・mo・ci・ci [しもつき] 46 十一月

(47) 우시 ’u・si [うし] 52 牛

(56) 하시 ha・si [はし] 61 著

(13) 구지 ku・ci [くち] 16 口

(37) 치시과치 chi・si・koa・chi <si・chi・koa・chi> [しちぐ
わつ] 42 七月

(43) 미니치 mʌi・ni・chi [まいにち] 48 毎日

(49) 두리 tu・ri [とり] 54 鶏

{2} */ア(a)/

이것은 거의 「ア」(a)로 표기되어 있다. 유일한 예외가 「ふたつ」(hu ta
tsɯ)의 「た」(ta)에 해당하는 부분이다. (64) 찻stʌs [ふた(つ)] 81 二. 이
것에 대해서는 제 6절 (P(248)) 에서 서술한다.

*/ア(a)/의 용례

(61) 안다 ’an・ta [あぶら] 67 油

(80) 아마꺄라 ’a・ma・ska・ra [あまから] 109 彼處

(55) 가사 ka・sa [かさ] 60 雨傘

(29) 간의 kan・’ɯi [かぜ] 34 風

(65) 칸의 khan・'ɯi [かね] 89 錢

(11) 가마두 ka・ma・tu [カマド] 13 童兒

(70) 가빌 ka・pir [かみ] 96 紙

(52) 한우슈 han・'u・sju [かんしよ] 57 甘蔗

(77) 간쥬야 kan・cju・'ja [かんじよう] 105 平安平

(58) 사바 sa・ba [サバ] 63 草履

(45) 산실이 san・sir・'i [さんしり] 50 山

(16) 딘의 tin・'ʌi ＜tan・'ʌi＞ [たね] 19 陽莖

(54) 다박귀 ta・pa・kui [タバコ] 59 烟草

(3) 우나귀 'u・na・kui [をなご] 3 女

(56) 하시 ha・si [はし] 61 著

(46) 마 ma [うま] 51 馬

(17) 마릐 ma・rɯi ＜ma・nɯi＞ [マーニュー] 20 婦人私處

(58) 사바 sa・pa [サバ] 63 草履

(30) 과치 koa・chi [ぐわつ] 35 月

{3} */オ(o)/와 */ウ(u)/

　*/オ(o)/에 해당하는 부분은 압도적으로 「ㅜ」(u)로 표기 되어있고, 자유이음(自由異音)적으로 2, 3개의 「ㅗ」(o)의 예가 있다. 「Clifford 유구(琉球) 어휘」의 결과와도 일치한다.

　*/オ(o)/의 용례

(5) 우슈 'u・sju [おしゆ 御主] 5 丞相

(11) 가마두 ka・ma・tu [かまど 竈] 13 童兒

(50) 구미 ku・mi [こめ] 55 米

(62) 두마 tu・ma [とま(り)] 77 白村

(49) 두리 tu・ri [とり] 54 鷄

(81) 무씐지쏘 mu・scin・ci・sko [もちて〜] 111 取來

(53) 욱이 'uk・'i [をぎ 荻] 58 甘蔗

(25) 우두이리 'u・tu・'i [をどり、をどれ] 28 舞

(3) 우나귀 'u・na・kui [をなご] 3 女

(21) 오오 'o・'o [おお] 24 諾

(81) 무씐지쏘 mu・scin・ci・sko [もちていきてこ] 111 取來

(41) 시모지지 si・mo・ci・ci [しもつき] 46 十一月

(1) 쏘 scjo [ひと, ひとは] 1 人

「ㅗ」(o)의 예에 관해서는 「비어두음절(非語頭音節)에서의 'ㅗ>ㅜ' 경향이 추가되어」(李基文 前揭書 P203)가 참고가 될 것이다.

*/ウ(u)/는 예외없이 「ㅜ」(u)이다.

*/ウ(u)/의 용례

(47) 우시 'u・si [うし] 52 牛

(13) 구지 ku・ci [くち] 16 口

(51) 군희부 kun・hɯi・pu [くねんぼ] 56 橘

(39) 궁과치 kuŋ・koa・chi [くぐわつ] 44 九月

(28) 후 hu [ふ] 33 福

(69) 후듸 hu・tɯi [ふで] 95 筆

(67) 후늬 hu・nɯi [ふね] 93 船

참고로 「여송(呂宋)」어에 관한 「ㅗ」와 「ㅜ」의 용례를 추가한다.

「ㅗ」(o)의 용례

⑥ 곰샌릐 kom・spʌ・rɯi [KOMPARE] 15 彼人

㊺ 쏨쌔릐관도예시 skom・spa・rɯi・koan・to・'jɔi・si [kompare ~] 90 價幾何

㊵ 곰쌔릐먼듸바시야 kom・spa・rɯi・mɔn・tɯi・pa・si・'ja [kompare~] 106 那裏去乎

⑪ 신이오라 sin・'i・'o・ra [senra] 29 謝罪

⑭ 보불에 po・pur・'ɔi [POBRE] 32 可憐

⑳ 만속 man・sok [MANOK] 54 鷄

㉘ 일노꼬 'ir・no・sko [ILOKO] 72 一咾〇

㊱ 노이 no・'i [DOS] 81 二

㊿ 뫼노 moi・no [bueno] 102 好

⑨ 돌노비 tor・no・pi [TURUG] 25 眠

⑯ 싼놈 stan・nom [DANUM] 49 水

㊲ 달노 tar・no [TALLU] 82 三

㊽ 살노쌋 sar・no・psʌ [TALLU PISI] 85 中銀錢

「ㅜ」(u)의 용례

⑲ 마부 ma・pu [BABUY] 53 豕

⑩ 물니다라 mur・ni・ta・ra [moridera?] 26 死

㉔ 의무 'ɯi・mu [emo?] 68 福建

㉜ 합분 hap・pun [HAPON] 76 日本

㊴ 비슈 pi・sju [PISOS] 84 大銀錢

㊷ 아리우시 'a・ri・'u・si [adis] 105 平安乎

㊸ 부악 pu・'ak [PIPAK] 89 錢

「ㅗ」와 'o', 「ㅜ」와 'u'의 대응을 원칙으로 하고 있는 것 같지만, 교차한 대응 (ㅗːu, ㅜːo)을 나타내는 예도 있어 조금 복잡하다 (ㅜː i 의 예마저도 있다). 이러한 것이 유구어(琉球語)의 표기에도 다소 반영되어있다.

{4} 이중모음(二重母音) 혹은 장모음(長母音)

多和田(1980)에서는 /ɛ/와 /ɔ/를 인정하고 있지만, 이것은 음성적 실태로 보면 모두 「장음(長音)」이다.

이 자료도 같은 현상을 보여주고 있다. 용례를 조금 정리해서 나타낸다.

*/ai/→/ee/[ɛː]

(6) 대샹꽌 tai・sjaŋ・koaŋ [だいしやうくわん] 6 大官

(43) 미니치 mʌi・ni・chi [まいにち] 48 每日

前述한 (P219)의 /ʌj/・/aj/ → /ɛ/를 참조. 다만 한글에서는 원칙적으로 장음이 표기상에는 나타나지 않기 때문에 여기서 위의 예를 장음으로 하는 것은 현대 오키나와어(沖縄語)에서 유추한 것이다. 이하의 내용에 있어서도 같다.

*/ae/ → /ee/[ɛː]

(66) 케라 khɔi・ra [かへら] 91 交易

다만 위의 예는 엄밀한 의미로는 */ae/에 해당되지 않는다. 「HA행전호음(ハ行轉呼音)」161)을 경과한 이후의 상태에서 취했을 경우가 된다.

―――――――――

161) 번역자註 역사적 가나 표기에 있어서 어중・어미의 ハ(ha)행 가나가 그 본래의 발음에서 변하여 ワ(wa) 행음으로 발음되는 것. (かは(川) kana

(이중모음 「ㅔ」(ɔi)의 단모음(單母音)에 대해서는 P(219)에서 서술했다.)
이와 관련해서 한글 「ㅔ」의 용례로는 「여송(呂宋)」어에 다음과 같은
것이 있다.

⑭ 보불에 po・pur・'ɔi [POBRE] 32 可憐

*/au/→/oo/ [ɔː]
(73) 오지 'o・ci [あふぎ] 99 扇 (HA 행전호음의 형태)
(31) 쇼과치 sjo・koa・chi [しやうぐわつ] 36 正月
(4) 오 'o [わう] 4 國王
(18) 맨소오리 main・so・'o・ri [いまゐりさうらへ] 21 坐

「-소오-」 (-so・'o-)는 명백하게 장음을 표기하려고 한 것이다.

*/ao/→/oo/ (용례없음)

*/eu/→/oo/ [ɔː]
(7) 쇼광 sjo・koaŋ [せうくわん] 7 小官
(59) 쇼주 sjo・cu [せうちう 燒酎] 65 露酒

*/ou/→/uu/ [uː]
(77) 간쥬야 kan・cju [がんじよう 岩乘] 105 平安乎

─────────────────

→ かわ kawa)

*/oo/→/uu/ (용례없음)

*/iu/→/juu/ [juː]
(59) 쇼주 sjo・cu (せうちう) 65 露酒

한글 「ㅈ」(c)은 이 시기 쯤에 구개화되어 있어 ([ʧ]), (59)는 [ʃoːʧuː]
를 나타내고 있다고 생각된다.

{5} (모음의) 무성화(無聲化)
　제 6장에서 본 것처럼 (P182, P188), 다음의 예는 모음의 무성화를 나
타낸 것이라고 판단된다.

(37) 치시과치 chi・si・koa・chi [しちぐわつ] 42 七月
(57) 시리 si・ri [(キ)セル] 62 烟臺

다음의 세가지 예는 「무성화」를 거쳐 「무기음」으로 이행(移行)했다고
생각된다. 「무기음 표기」 (P(248)) 참조.

(63) 씌잇 stɯi・'is [ひと(つ)] 80 一
(64) 쏫 stʌs [ふた(つ)] 81 二
(1) 쪼 scjo [ひと] 1 人

이상을 정리하면 다음과 같다.
1. */イ/ [i]
2. */エ/ [ɛ, e, ï, i]

3. */ア/ [a]

4. */オ/ [u, o]

5. */ウ/ [u]

6. */ai/ [ɛ:]

    */ae/ [ɛ:]

    */au/ [o:]

    */ao/ 용례 없음.

    */eu/ [o:]

    */ou/ [u:]

    */oo/ 용례 없음.

    */iu/ [ju:]

7. 무성화(無聲化) 있음.

이중모음(二重母音)은 장모음화(長母音化)하고 있는데, */エ(e)/·*/オ (o)/는 /i/·/u/로 이행(移行)하고 있지 않다. 그 이행과정(移行過程)에 나타나는 모습이다. 이것은 「Clifford 유구(琉球) 어휘」의 분석 결과와도 일치하고, 오키나와어(沖縄語)가 「3모음화(三母音化)」인 것이 비교적 오래되지 않았다고 하는 가능성을 시사하고 있다.

제2절 반모음(半母音)

{1} /j/
다음의 용례에서 /j/를 인정할 수 있다.

(26) 군에햐 kun・'ɔi・hja [クネーヤー] 29 謝罪

(77) 간쥬야 kan・cju・'ja [がんじようヤー] 105 平安乎

(5) 우슈 'u・sju [おしゆ] 5 丞相

(52) 한우슈 han・'u・sju [かんしよ] 57 甘蔗

(77) 간쥬야 kan・cju・'ja [がんじようヤー] 105 平安乎

(23) 신융 sin・'juŋ [しぬ] 26 死

(31) 쇼과치 sjo・koa・chi [しやうぐわつ] 36 正月

(6) 대샹광 tai・sjaŋ・koaŋ [だいしやうくわん] 6 大官

(7) 쇼광 sjo・koaŋ [せうくわん] 7 小官

(59) 쇼주 sjo・cu [せうちう] 65 露酒

(1) 쑈 scjo [ひと] 1 人

(17) 마릐 ma・rɯi ＜ma・nɯi＞ [マーニュー] 20 婦人私處

제6장에서 본 것처럼, (52), (17)은 아마미(奄美)의 말일 가능성이 높기 때문에 오키나와(沖縄)섬의 중・남부지역의 말에 한정지어서 고찰을 하는 경우는 용례(語例)에서 제외해야 할 것이다.

{2} /w/
다음의 용례에서 /w/가 인정된다.

(4) 오 'o [わう] 4 國王

(53) 욱이 'uk・'i [をぎ] 58 甘蔗

(2) 우쎄가 'u・ski・ka [をとこ] 2 男

(25) 우두이리 'u・tu・'i・ri [をどり、をどれ] 28 舞

(3) 우나귀 'u・na・kui [をなご] 3 女

(72) 이화 'i・hoa [ジーファー] 98 簪

(30) 과치 koa・chi [ぐわつ] 35 月

(31) 과치 ～(40)koa・chi [ぐわつ] 36～45 月

(42) 시와시 si・'oa・si [しはす] 47 十二月

(6) 대샹꽝 tai・sjaŋ・koaŋ [だいしやうくわん] 6 大官

(7) 쇼꽝 sjo・koaŋ [せうくわん] 7 小官

(38) 화치과치 hoa・chi・koa・chi [はちぐわつ] 43 八月

(4) (53) (2) (25) (3)에 대해서는 {12} 성문폐쇄(喉頭化)와 비성문폐쇄
(非喉頭化) (P243)에서 서술한다.

제3절 자음(子音)

{1} */キ(ki)、ケ(ke)、カ(ka)、ク(ku)、コ(ko)/의 자음

한글 「ㄱ」(k), 「ㅋ」(kh)・「ㅺ」(sk)로 표기되어 있다. 용례는 다음과
같다.

(55) 가사 ka・sa [かさ] 60 雨傘

(29) 간의 kan・'ɯi [かぜ] 34 風

(11) 가마두 ka・ma・tu [カマド] 13 童兒

(70) 가빌 ka・pir [かみ] 96 紙

(39) 궁과치 kuŋ・koa・chi [くぐわつ] 44 九月

(13) 구지 ku・ci [くち] 16 口

(51) 군희부 kun・hɯi・pu [くねんぼ] 56 橘

(50) 구미 ku・mi [こめ] 55 米

(54) 다박귀 ta・pa・kui [タバコ] 59 煙草

(36) 슉구과치 sjuk・ku・koa・chi <rjuk・ku・koa・chi> [ろくぐ
わつ] 41 六月

(65) 칸의 khan・'ɯi [かね] 89 錢

(66) 케라 khɔi・ra [かへら] 91 交易

(78) 망카릐야 maŋ・kha・rɯi・'ja [-かりー] 107 何處在乎

(79) 두마카릐 tu・ma・kha・rɯi [-かり] 108 白村在

(80) 아마까라 'a・ma・ska・ra [-から] 109 彼處

(81) 무쒼지꼬 mu・scin・ci・sko [-こ] 111 取來

(29)와 (65)를 비교하면 알 수 있듯이 한글의 「ㄱ」과 「ㅋ」을 구분하려

고 하지 않고 있다. 그러나 「시」과 이것 2개와의 사이에는 차이가 존재하고 있어서, 「유기음(有氣音)」과 「무기음(無氣音)」의 문제를 고찰하는데 있어서 좋은 재료를 제공해 주고 있다. 제7장에서 다룬 그대로 이다. 「무기음」은 제6절 「무기음 표기」(P248)에서 다시 다룬다.

따라서 「Clifford 유구(琉球) 어휘」에서 얻게 된 /k/ [k, kʰ]에 [k'](무기음)가 추가되어야 한다.

*/キ(ki)/에 대해서는 제 7절 「구개화(口蓋化), 파찰음화(破擦音化)」(P252)에서 서술한다.

{2} */ギ(gi)、ゲ(ge)、ガ(ga)、グ(gu)、ゴ(go)/의 자음

예외 없이 한글 「ㄱ」(k)으로 표기되어있다. 이 한글만으로는 그것이 무성음 [k]를 나타내고 있는지, 유성음 [g]를 나타내고 있는지를 분명하게 알 수는 없지만, 현대 오키나와어(沖繩語)와 대응관계에 있어서는 유성음 [g]로 인정할 수 있을 것이다. 용례는 아래와 같다.

(77) 간쥬야 kan・cju・'ja [がんじようヤー] 105 平安平
(30)~(40) 과치 koa・chi [ぐわつ] 35~45 月
(2) 우쎄가 'u・ski・ka [をとこ] 2 男
(3) 우나귀 'u・na・kui [をなご] 3 女
(53) 욱이 'uk・'i [をぎ] 58 甘蔗

*/ギ(gi)/에 대해서는 제 7절 「구개화(口蓋化), 파찰음화(破擦音化)」(P252)에서 서술한다.

{3} ＊/チ(ʧi)・テ(te)・タ(ta)・ツ(tsɯ)・ト(to)/의 자음

＊/チ(ʧi)/와 ＊/ツ(tsɯ)/는 구개화(口蓋化) 나아가 파찰음화(破擦音化)하여 한글 「ㅈ」(c)・「ㅊ」(ch)으로 표기되어있다.

(13) 구지 ku・ci [くち] 16 口

(59) 쇼주 sjo・cu [せうちう] 65 露酒

(81) 무씬지꼬 mu・scin・ci・sko [もちていきてこ] 111 取來

(43) 미니치 mʌi・ni・chi [まいにち] 48 毎日

(41) 시모지지 si・mo・ci・ci [しもつき] 46 十一月

(76) 주주라사 cu・cu・ra・sa [つよきよらさ] 103 大好

(30)~(40) 과치 koa・chi [ぐわつ] 35~45 月

＊/チ(ʧi)/ ＊/ツ(tsɯ)/에 대해서는 제7절 「구개화(口蓋化), 파찰음화(破擦音化)」에서도 서술한다.

＊/テ(te)、タ(ta)、ト(to)/는 모두 한글 「ㄷ」으로 표기되어있다. 「ㅌ」(th)의 용례는 없다.

(22) 이닌띠 ’i・nʌi・tsi [いねて] 25 眠

(16) 딘읜 tin・’ʌi <tan・’ʌi> [たね] 19 陽莖

(54) 다박귀 ta・pa・kui [タバコ] 59 煙草

(60) 두후 tu・hu [たうふ] 6 豆腐

(64) 쯧 stʌs [ふた(つ)] 81 二

(62) 두마 tu・ma [とま(り)] 77 白村

(49) 두리 tu・ri [とり] 54 鷄

(63) 씌잇 stɯi・'is [ひと(つ)] 80 一

유기음(有氣音)을 나타내는 한글 「ㅌ」의 용례가 없다고 해서, 당시의 오키나와어(沖繩語)가 그러했었다는 것은 아니다. 오히려 반대이다. {1} 에서 「ㅋ」(kh)의 존재를 확인하였다. 후술(後述)하겠지만 「ㅍ」(ph)도 있기 때문이다.

{4} */ヂ(zi)、デ(de)、ダ(da)、ヅ(zdɯ)、ド(do)/의 자음

*/ヂ(zi)/에 대응하는 용례는 없지만, */ヅ(dzɯ)/가 1예 있고, 한글 「ㅈ」 (c)으로 표기되어있다. 현대어와의 대응으로 보면 유성음(有聲音)이라 고 간주된다. (한글의 「ㅈ」은 모음 사이 (및 이것에 준하는 환경)에서 유성음이 되는 것도 고려되어 있다. 19세기 초에는 구개화 [ʥ]로 되어 있었다.)

(44) 미겨 mi・cɯi [みづ] 49 水

*/デ(de)、ダ(da)、ド(do)/는 한글 「ㄷ」(t)로 표기된다. 이것도 현대 어와 대응되며 한글 「ㄷ」은 모음 사이에서의 유성화 현상으로 인하여 유성음 [d]를 표시한 것으로 보인다.

(69) 후듸 hu・tɯi [ふで] 95 筆
(6) 대샹광 tai・sjaŋ・koaŋ [だいしやうくわん] 6 大官
(11) 가마두 ka・ma・tu [カマド] 13 童兒
(25) 우두이리 'u・tu・'i・ri [をどり、をどれ] 28 舞

{5} */ヒ(hi)、ヘ(he)、ハ(ha)、フ(hu)、ホ(ho)/의 자음

「(15) phi・'i 18 鼻」가 「ヘ(屁)」에 대응하는 것이라면 흥미있는 용례가 되겠지만 미상(未詳)이기 때문에 보류한다.

한글 「ㅎ」(h)로 표기 된 것에는 다음 예를 들 수가 있다.

(56) 하시 ha・si [はし] 61 著

(38) 화치과치 hoa・chi・koa・chi [はちぐわつ] 43 八月

(72) 이화 'i・hoa [ジーファー] 98 簪

(28) 후 hu [ふ 福] 33 福

(69) 후듸 hu・tɯi [ふで] 95 筆

(67) 후늬 hu・nɯi [ふね] 93 船

(60) 두후 tu・hu[たうふ] 66 豆腐

*/ヒ(hi)/와 */ホ(ho)/의 용례는 없다.

*/ハ(ha)/에는 「하」(ha)와 「화」(hoa) 두 가지가 나타난다. 이것을 어떻게 해석할 수 있을까? 제6장에서 본 것과 같이 (56) 하시 ha・si는 아마미(奄美)의 말일 가능성이 높기 때문에 이것을 제외하고 (오키나와섬(沖繩島) 중・남부의 말을) 생각하기로 한다.

「화」(hoa)는 양순마찰음「φ」을 표시하려고 한 표기임에 틀림없다. 이것에서 유추하면 「후」(hu)도 [φu]일 가능성이 높아진다.

더욱이 현대어에서 「葉」은 [φaː]인데 「齒」는 [haː]라고 하는 생각도 있기 때문에 신중히 생각할 필요가 있지만, 「Clifford 유구(琉球) 어휘」에 'fa'나 'pha'등이 있었던 것과 대조해 보면 이 당시의 */ヒ(hi)、ヘ(he), ハ(ha), フ(hu), ホ(ho)/의 자음은 양순마찰음[φ]이었다고 해도 무

방할 것이다.

{6} */ビ(bi), ベ(be), バ(ba), ブ(bu), ボ(bo)/의 자음

다음의 용례는 현대 오키나와어(沖縄語)와 대응하며, 한글「ㅂ」(p)의 특성상으로 보아 양순파열유성음 [b]를 나타내고 있다고 판단된다.

(51) 군희부 kun・hɯi・pu [くねんぼ] 56 橘
(54) 다박귀 ta・pa・kui [タバコ] 59 煙草

위의 예 이외에 본문 중에는 다음과 같은 예가 있다.

二十二의 6   구바 ku・pa [クバ] 九 波木
二十八의 2   〃   〃   〃
二十八의 5   마사 ma・sa ＜pa・sa＞ [バサ] 磨砂

한글의 「ㅁ」(m)이 「여송(呂宋)」어 (일로카노어)의 'b'에 대응하는 용례가 있다는 것에 대해서 제7장에서 보았다. 그것을 정리해서 나타내면 아래와 같다.

가마 ka・ma [KABAYO] 51 馬
마싟오 ma・skʌ・'o [BAKA] 52 牛
마부 ma・pu [BABUY] 53 豕
마가시 ma・ka・si [BAGAS] 55 米
마기 ma・ki [BAGIO?] 73 馬宜
몡텅 mjɔiŋ・thɔŋ [BENTE] 86 小銀

뫼노 moi・no [bueno] 102 好

二十八의 5 마사 ma・sa도 같은 예로 [basa]를 나타낸다.

{7} */シ(si)、セ(se)、サ(sa)、ス(suɯ)、ソ(so)/의 자음

(48) 시시 si・si [しし] 53 豕

(37) 치시과치 chi・si・koa・chi <si・chi・koa・chi> [しちくわ
つ] 42 七月

(23) 신융 sin・'juŋ [しぬ] 26 死

(42) 시와시 si・'oa・si [しはす] 47 十二月

(41) 시모지지 si・mo・ci・ci [しもつき] 46 十一月

(45) 산실이 san・sir・'i [さんしり] 50 山

(47) 우시 'u・si [うし] 52 牛

(56) 하시 ha・si [はし] 61 箸

(31) 쇼과치 sjo・koa・chi [しやうぐわつ] 36 正月

(6) 대샹광 tai・sjaŋ・koaŋ [だいしやうくわん] 6 大官

(5) 우슈 'u・sju [おしゆ] 5 丞相

(52) 한우슈 han・'u・sju [かんしよ] 57 甘蔗

(7) 쇼광 sjo・koaŋ [せうくわん] 7 小官

(59) 쇼주 sjo・cu [せうちう] 65 露酒

(57) 시리 si・ri [(キ)セル] 62 烟臺

(45) 산실이 san・sir・'i [さんしり] 50 山

(33) 산과치 san・koa・chi [さんぐわつ] 38 三月

(55) 가사 ka・sa [かさ] 60 雨傘

(75) 주라사 cu・ra・sa [きよらさ] 102 好
(68) 시미 si・mi [すみ] 94 文字

예외 없이 한글「ㅅ」(s)으로 표기되어 있다. si는 원래 sja, sju, sjo에서 경구개음 [ʃ]를 추정할 수 있다.

/セ(se)/、/ス(sɯ)/에 대해서 제7절「구개화(口蓋化), 파찰음화(破擦音化)」(P250)에서 서술한다.

{8} */ジ(zi)、ゼ(ze)、ザ(ze)、ズ(zɯ)、ゾ(zo)/의 자음
용례가 적다. 확정적인 것은 다음의 2예 뿐이다.

(8) 두즈 tu・cɯ [つうじ] 8 通事
(77) 간쥬야 kan・cju [がんじよう] 105 平安乎

한글 「ㅈ」(c)은 이 시기쯤 구개화해서 [tʃ]가 되었고, 모음간 (및 이것에 준하는 환경)에서 유성음으로 되기 때문에 [ʥ]를 나타내는 것이 된다. {4}도 참조. 제7절「구개화(口蓋化), 파찰음화(破擦音化)」도 참조.

{9} */ミ(mi)、メ(me)、マ(ma)、ム(mu)、モ(mo)/의 자음
한글「ㅁ」(m)으로 표기 되어있다. 특기(特記)해야 할 사항은 없다. 용례는 다음과 같다.

(14) 미미 mi・mi [みみ] 17 耳
(44) 미즤 mi・cɯi [みづ] 49 水

(68) 시미 si・mi [すみ] 94 文字

(50) 구미 ku・mi [こめ] 55 米

(46) 마 ma [うま] 51 馬

(43) 미니치 mʌi・ni・chi [まいにち] 48 每日

(11) 가마두 ka・ma・tu [カマド] 13 竈兒

(78) 망카릐야 maŋ・kha・rɯi・'ja [マーー] 107 何處在乎

(80) 아마쌰라 'a・ma~ [あまー] 109 彼處

(62) 두마 tu・ma [とま(り)] 77 白村

(41) 시모지지 si・mo・ci・ci [しもつき] 46 十一月

(81) 무찐지꼬 mu・scin・ci・sko [もちてー] 111 取來

{10} */ニ(ni)、ネ(ne)、ナ(na)、ヌ(nu)、ノ(no)/의 자음

한글 「ㄴ」(n)으로 표기되어있지만 한 용례에서만 예외적으로 「ㄴ」이 탈락한 형태가 나타난다. 또 제6장의 관련된 곳에서 서술했듯이 (P177), 한글 철자에서는 앞 음절의 최종 자음(자)은 후속음절이 모음으로 시작되는 경우 그 후속 모음(자)과 결합해서 발음된다.

(43) 미니치 mʌi・ni・chi [まいにち] 48 每日

(22) 이닉떠 'i・nʌi・tsi [いねて] 25 眠

(16) 딘익 tin・'ʌi <tan・'ʌi>[たね] 19 陽莖

(65) 칸의 khan・'ɯi [かね] 89 錢

(67) 후늬 hu・nɯi [ふね] 93 船

(23) 신융 sin・'juŋ [しぬ] 26 死

(3) 우나귀 'u・na・kui [をなご] 3 女

(32) 임과치 'im・koa・chi [にぐわつ] 37 二月

(32) 임과치 ’im・koa・chi에 대해서는 제4절「撥音」(P69)에서 서술
한다.

「Clifford 유구(琉球) 어휘」에는 ‘gn’이라고 하는 철자가 있어서 경구
개비음(硬口蓋鼻音) [ɲ]의 존재를 확인하는 것이 가능했다. 본 자료에서
도 (23) 신융 sin・’juŋ에서 같은 모습이 보인다.

{11} */リ(ri)、レ(re)、ラ(ra)、ル(ru)、ロ(ro)/의 자음
「Clifford 유구(琉球) 어휘」에서는 (알파벳의) ‘d’ ’r’ ’l’이 자유이음
(自由異音)적으로 출현했기 때문에 하나로 모아서 /d/ [d,r,l]처럼 했지
만, 본 자료에서는 [d]를 나타내는「ㄷ」(t)과 [ɾ] 을 나타내고 있을 것으
로 추측되는「ㄹ」(r)로 구별해서 쓰고 있다. */デ(de)、ダ(da)、ド(do)/
에 대해서는 이미 {4}에서 보았다.「ㄹ」의 용례를 나타낸다.

(49) 두리 tu・ri [とり] 54 鷄
(45) 산실이 san・sir・’I [さんしり] 50 山
(25) 우두이리 ’u・tu・’i・ri [をどり、をどれ] 28 舞
(19) 우사가리 ’u・sa・ka・ri [めしあがれ] 22 喫
(57) 시리 si・ri [キセル] 62 烟臺
(78) 망카릐야 maŋ・kha・rɯi [-かり・かれ] 107 何處在乎
(79) 두마카릐 tu・ma・kha・rɯi [とまりかり・かれ] 108 白村在
(66) 케라 khɔi・ra [かへら？] 91 交易
(80) 아마까라 ’a・ma・ska・ra [あまから] 109 彼處
(75) 주라사 cu・ra・sa [きよらさ] 102 好
(36) 슉구과치 suk・ku・koa・chi <ruk・ku・koa・chi> [ろくぐ

　わつ] 41　六月

(36) suk・ku・koa・chi에 대해서는 제 7장의 해당하는 곳에서 서술했다.

한글 「르」에서만으로는 탄설음(彈舌音) [ɾ]과 측면음(側面音) [l]의 문제는 논할 수 없다. 「Clifford 유구(琉球) 어휘」는 이것을 보충할 수 있다.

{12} 성문폐쇄(喉頭化)와 비성문폐쇄(非喉頭化)

성문폐쇄음(聲門閉鎖音) [ʔ]를 나타내고 있는 표기 예는 없다.

한글에는 성문폐쇄음을 표기하는 문자 「ㆆ」가 있었지만, 19세기는 표기와 음가가 소실된지 이미 오랜 시간이 지난 때였다. 본 「표해록(漂海錄)」에 나타나지 않는 것이 당연하다.

이상의 이유에서 「Clifford 유구(琉球) 어휘」처럼, 대응하는 현대 오키나와어(沖繩語)와 관련해서 생각해보지 않으면 안된다.

단서가 된다고 생각되는 것은 다음 용례이다.

(46) 마 ma [うま] 51 馬

현대어에서는 [ʔmma]이다. (46) 마 ma라고 하는 표기는 당시도 [ʔmma]에 가까운 형태였다는 것을 말하고 있다. [ʔuma]등과 같았다고 하면 「우마」('u・ma)처럼 표기하였을 것이다. 표류자가 [ʔm-]을 못 들었을 가능성이 높다. 만에 하나 들었다고 한다면, 그것을 재현해서 들려주었을 때 필록자는 듣지 못했을 것이다. 필록자가 들었다고 해도 한글의 정서법(正書法)에서는 「ㅁ마」(mma) 등은 허용되지 않기 때문에 표기할 수 있는 방법이 없다.

현대 오키나와어(沖繩語)에서 모음으로 시작되는 말의 첫부분은 성문폐쇄음(喉頭化音)이든지, 그렇지 않은 음(非喉頭化音)이든지 둘 중의 하나이다. 또 한글 철자법으로는 모음으로 시작되는 음절의 경우, 모음자 앞에 「ㅇ」(')을 붙인다. 이 두가지 사항에서 자료 중에서 「ㅇ+모음」의 형태로 표기 된 것은 성문폐쇄음(喉頭音) /ʔ/를 나타내고 있는 것과 비성문폐쇄음(非喉頭化音) /'/을 나타내고 있는 것이 된다. 제6장에서 본 것을 참조하면서 정리하면 아래와 같다.

/ʔ/ 대응 예

(61) 안다 'an・ta [あぶら] 67 油

(80) 아마까라 'a・ma [あま] 109 彼處

(20) 우 'u [う] 23 唯

(47) 우시 'u・si [うし] 52 牛

(5) 우슈 'u・sju [おしゆ] 5 丞相

(73) 오지 'o・ci [あふぎ] 99 扇

(21) 오오 'o・'o [おお] 24 諾

/'/ 대응 예

(4) 오 'o [わう] 4 國王

(53) 욱이 'uk・'i [をぎ] 58 甘蔗

(2) 우씨가 'u・ski・ka [をとこ] 2 男

(25) 우두이리 'u・tu・'i・ri [をどり、をどれ] 28 舞

(3) 우나귀 'u・na・kui [をなご] 3 女

현대 오키나와어(沖縄語)에는 /ʔj-/ : /'j-/, /ʔw-/ : /'w-/의 대립도 존재하지만, 본 자료에서는 용례수가 적은 것도 있고 해서 그 용례를 찾을 수가 없다.

제4절 발음 (撥音·ん)

전통적인 용어에 따라 「발음(撥音)」이라고 한다. 단독으로 「박(拍)」 또는 「mora(モーラ)」를 형성하는 비음(鼻音)이다. /N/이라는 음소로서 표기하고 있다.

연구개음(軟口蓋音) [k], [g]를 나타내는 한글 「ㄱ」(k)의 앞과 어말(語末)의 환경에서는 「ㅇ」(ŋ), 그 외의 환경 앞에서는 「ㄴ」(n)이라고 하는 원칙이 성립되어있지만, 예외가 2개 있다. (33)과 (32)이다.

「ㅇ」(ŋ)의 용례

(39) 궁과치 kuŋ·koa·chi [くぐわつ] 44 九月

(6) 대샹광 tai·sjaŋ·koaŋ [だいしやうくわん] 6 大官

(7) 쇼광 sjo·koaŋ [せうくわん] 7 小官

「ㄴ」(n)의 용례

(61) 안다 'an·ta [あぶら] 67 油

(81) 무씬지꼬 mu·scin·ci·sko [もちていきてこ] 111 取來

(18) 맨소오리 main·so·'o·ri [まゐりさうらへ] 21 坐

(77) 간쥬야 kan·cju [がんじよう] 105 平安乎

(45) 산실이 san·sir·'i [さんしり] 50 山

(29) 간의 kan·'ɯi <kan·cɯi> [かぜ] 34 風

(33) 산과치 san·koa·chi [さんぐわつ] 38 三月

「ㅁ」(m)의 용례

(32) 임과치 'im·koa·chi [にぐわつ] 37 二月

「－n・k－」와 「－m・k－」의 해석을 어떻게 할 수 있을까. 우선 (32) 임과치 'im・koa・chi는 현대어 [niŋwatʃi]에 대응하는 것이다. 세세한 것은 생략하지만 이 [niŋ]이라는 비음(鼻音)의 울림이 「임」('im)의 형태로 취하고 있다. 이것은 비음(鼻音)을 강조하여 표기한 결과 나타난 표기라고 생각된다.

(33)의 산과치 san・koa・chi도 동일선상(同一線上)에 있으므로 비음(鼻音)을 강조하여 나타내었다고 생각된다. 한글의 정서법상(正書法上)「－ŋ・k－」가 아니면 안된다는 제약이 없는 것도 배경에 있을 것이다.

이것은 이러한 종류의 비음(鼻音)이 「비모음(鼻母音)」과 같이 「모음(母音)」에 부속한 것이 아니라, 「발음(撥音)」이라고 불리는 독립된 존재라는 것을 주장하는 것 같아서 흥미롭다.

제5절 촉음 (促音)

이것도 전통적인 용어에 따라 「촉음(促音)」이라고 한다. 단독으로 「박
(拍)」 또는 「mora (モーラ)」를 형성하는 것으로 /Q/라는 음소로서 표기
하고 있다.

현대 오키나와어(沖縄語)와의 대응에서 촉음(促音)을 포함하고 있다
고 예상되는 용례는 다음 2가지 밖에 없다. 현대어의 음성표기도 첨가
한다.

(1) 쑈 scjo [ひと] 1 人 [ttʃu]

(81) 무쒼지쏘 mu・scin・ci・sko [もちていきてこ] 111 取來
     [muttʃiʔndʒikuː]

그리고 이것들은 우연이라고 말해야할지 당연한 결과라고 말해야할
지 모르겠지만, 무기음 표기 형태를 취하고 있다.

제6절 무기음표기(無氣音表記)

이미 보아왔던 것처럼 다음의 용례는 한글의 무기음 표기에 해당하는 것이다.

「ᄭᅵ」(sk)의 예

(2) 우ᄭᅵ가 ’u・ski・ka [をとこ] 2 男

(80) 아마ᄽᅡ라 ’a・ma・ska・ra [あまから] 109 彼處

(81) 무ᄶᅵᆫ지ᄭᅩ mu・scin・ci・sko [もちていきてこ] 111 取來

「ᄽᅵ」(sc)의 예

(1) ᄶᅭ scjo [ひと] 1 人

(81) 무ᄶᅵᆫ지ᄭᅩ mu・scin・ci・sko [もちていきてこ] 111 取來

「ᄯᅵ」(st)의 예

(63) ᄲᅱ잇 stɯi・’is [ひと(つ)] 80 一

(64) ᄯᅡᆺ stʌs [ふた(つ)] 81 二

「ᄃᄼ」(ts)의 예 (이것은 「ᄯᅵ」에 준한다.)

(22) 이니띠 ’i・nʌi・tsi [いねて] 25 眠

「ㄱ・ㄱ」(k・k)의 예

(36) 슉구과치 suk・ku・koa・chi <ruk・ku・koa・chi> [ろく
ぐわつ] 41 六月

(54) 다박귀 ta・pak・kui [タバコ] 59 煙草

고찰을 진행하기 전에 「여송(呂宋)」어의 용례도 봐 두자.

「ㅅㄱ」(sk)의 예

⑱ 마싀오 ma・skʌ・'o [BAKA] 52 牛

㉗ 마까외 ma・ska・'oi [Makau] 71 澳門

㉘ 일노ᄉᆣ 'ir・no・sko [ILOKO] 72 一咾呢

㊳ 매ᄉᆞ쏘아리사 mai・sʌ・sko・'a・ri・sa [MAYSA KUARTA] 83 一錢

㊺ 쏨쌔릐관도예시 skom・spa・rɯi・koan・to・'jɔi・si [kompare cunto es] 90 價幾何

「ㅆ」(sc)의 예 없음

「ㅅㄷ」(st)의 예

⑯ 싼놈 stan・nom [DANUM] 49 水

「ㅆ」(ss)의 예

⑦ 씌인다 ssɯi・'in・ta (미상) 21 坐

⑬ 미아싸비 mi・'a・ssa・pi [MIA saber?] 31 不知

「ㅅㅂ」(sp)의 예

③ 기쎄단 kʌi・spi・tan [KAPITAN] 7 小官

④ 쌘릐 spʌ・rɯi [PADRE,pari] 1 修道人

⑥ 곰쌘릐 kom・spʌ・rɯi [KOMPARE] 15 彼人

㊾ 곰쌔릐먼듸바시야 kom・spa・rɯi・mɔn・tɯi・pa・si・'ja

[kompare dnde PASYAR] 106 那裏去乎

「ㅅㄱ」「ㅅㄷ」「ㅅㅈ」「ㅅㅂ」등이 무기음(농음)의 표시인 것은 제6장에서 확인했다.

이것은 지금 표면상으로 드러난 것에 지나지 않지만, 앞에서 기술한 {만자노}씨와 {유학생}들의 발음은 필리핀어도, 일본어도 무성파열음의 경우 총체적으로 무기음(無氣音)적이다. 한글의 무기음 표기의 신빙성을 뒷받침하는 것이다.

⑯ stan・nom은 어두(語頭)에 유성(有聲) 자음을 갖고있지 않는 한국인이 발음을 전사(傳寫)할 경우 유성(有聲) 자음을 듣고, 무기음성(無氣音性)에만 반응한 (유성음성(有聲音性)을 사상(捨象)한) 좋은 예라고 생각된다.

한글 표기법이나「여송(呂宋)」어의 용례 등으로 보아, 위의「유구(琉球)」어의 예가 음성적 실태로서 무기음의 성질을 갖고 있었던 것은 의심할 여지가 없을 것 같지만, 현대어와의 대응에서 3개의 그룹으로 나누어지는 것을 알게된다. 그것은 다음과 같다.

[1] 현대어에서는 무성유기음(無聲有氣音)에 가깝게 실현하는 것

(2) [jik'iga,wik'iga]

(80) [ʔamak'ara]

(81) [muttʃiʔndʒik'uː]

[2] 현대어에서는「촉음(促音)」으로 실현하는 것

(1) [ttʃu]

(81) [muttʃi~]

[3] 현대어에서도 방언에 따라서는 무기음(無氣音)을 남기는 것으

로 되어 있는 것

(63) [t′iː (tʃi)]

(64) [t′aː (tʃi)]

(여기에서 현대어라고 말하는 것은 자주 서술했듯이 오키나와(沖繩) 중·남부지역의 현대어이다.)

[1]은 연구개파열음(軟口蓋破裂音), [2]는 경구개치경파찰음(硬口蓋齒莖破擦音), [3]은 치경파열음(齒莖破裂音)이라는 차이를 우선 들 수 있다. 다음으로 변화의 과정에 있어서 「모음의 무성화(無聲化)」(나아가 그 모음의 탈락까지도)를 경험한 것 같은 [2] [3]과 그렇지 않은 [1]의 대립이 있다. 모음의 탈락 후, 그 다음 자음의 무기음화(無氣音化)를 초래한 것 같고, 그것이 「촉음(促音)」의 형태를 취하는 방향으로 간 것 [2]와 무기음을 유지하려고 한 [3]으로 나뉜다고 생각할 수 있다.

오키나와어(沖繩語)의 역사(음의 변화)를 생각하면 흥미 있는 사항이고, 나아가 추구(追究)해 가고 싶은 점도 있지만, 이 정도의 적은 자료만으로는 결정적인 것을 말할 수 없기때문에 이번에는 여기까지 해 두는 것으로 하겠다.

제7절　구개화(口蓋化)・파찰음화(破擦音化)

구개화(口蓋化)・파찰음화(破擦音化)와 관련해서 多和田(1980)에서는 어음번역(語音飜譯) = 翻・Clifford 유구(琉球) 어휘 = 琉・오키나와 어사전 = 沖를 대조해가면서 다음과 같은 표를 만든 적이 있다.

자료의 연대를 표시해 둔다. 翻 = 1501년. 琉 = 1818년. 沖 = 1963년 (다만 언어자료로서는 주요한 자료 제공자인 두 사람의 생년(生年)이 1883년과 1890년이기 때문에 19세기 말부터 20세기 초라고 하는 편이 좋다).

「ケ(ke)」「ゲ(ge)」는 각각 /i/ 직후의 것에 한정되어있다.

「표해록(漂海錄)」의 용례를 검토하고, 그 표와 대조해 보도록 한다.

*/キ(ki)/의 용례

(41) 시모지지 si・mo・ci・ci [しもつき] 46 十一月

(75) 주라사 cu・ra・sa [きよらさ] 102 好

	翻	琉	沖
キ	ki	tʃi	tʃi
シ	ʃi	ʃi	ʃi
チ	tʃi	tʃi	tʃi
ケ	kï	tʃi / tsi	tʃi
セ	sï	ʃi / si	ʃi
ス	sɯ	si	si
ツ	tsɯ	tsi	tsi

	翻	琉	沖
ギ	gi	dʒi	dʒi
ジ	(d)ʒi	dʒi	dʒi
ヂ	dʒi	dʒi	dʒi
ゲ	gï	dʒi / (d)zi	dʒi
ゼ	zï	dʒi / zi	dʒi
ズ	(d)zɯ	dzi	dzi
ヅ	dzɯ	(d)zi	dzi

*/シ(si)/의 용례 (제 3절 자음의 {7}에서 보았다. 생략)

*/チ(ʧi)/의 용례 (제 3절 자음의 {3} 참조)

*/ケ(ke)/의 용례 (/i/ 뒤의 「ケ」라는 조건의 예는 없음)

*/セ(se)/의 용례
(57) 시리 si・ri [(キ)セル] 62 烟臺

*/ス(sɯ)/의 용례
(68) 시미 si・mi [すみ] 94 文字

*/ツ(ʦɯ)/의 용례
(41) 시모지지 si・mo・ci・ci [しもつき] 46 十一月
(76) 주주라사 cu・cu・ra・sa [つよきよさら] 103 大好
(30)~(40) 과치 koa・chi [ぐわつ] 35~45 月
(8) 두즈 tu・cɯ [つうじ] 8 通事

*/ギ(gi)/의 용례
(73) 오지 'o・ci [あふぎ] 99 扇

*/ジ(zi)/의 용례 (제 3절 자음의 {8}참조)
*/ヂ(ʤi)/의 용례 (없음)
*/ゲ(ge)/의 용례 (없음)
*/ゼ(ze)/의 용례 (없음)

*/ズ(zɯ)/의 용례 (없음)

*/ヅ(zɯ)/의 용례

(44) 미즤 mi・cɯi [みづ] 49 水

「용례 없음」이 많다는 생각도 들지만, 그 제한된 범위 안에서도 아래와 같은 사실은 말 할 수 있다.

*/キ(ki)/는 「Clifford 유구(琉球) 어휘」에서도 나타나듯이 완전하게 파찰음화(破擦音化)하고 있었다. [tʃi].

*/ギ(gi)/도 파찰음화(破擦音化)하고 있었다. [dʒi]. 다만 「(53) 욱이 'uk・'i [をぎ(wo gi)] 58 甘蔗」가 있다. 이것은 제6장에서 본 것처럼 여기서는 대상외가 되겠다.

*/シ(si)/・ */ジ(zi)/는 「Clifford 유구(琉球) 어휘」와 같다.

*/チ(ʧi)/는 「어음번역(語音飜譯)」의 단계에서 파찰음화(破擦音化)되었고, 이 시기에는 그 연장선상(延長線上)에 있다.

*/ヂ(ʤi)/는 용례는 없지만 */チ(ʧi)/에 준한다고 생각된다.

*/ケ(ke)/・ */ゲ(ge)/는 용례는 없지만, 「Clifford 유구(琉球) 어휘」와 같다고 생각된다.

*/セ(se)/는 [ʃi]로 되어있었다. */ゼ(ze)/도 이것에 준한다.

*/ス(sɯ)/는 모음이 [i]가 된 것은 확실하지만, 자음이 [ʃ]인지 [s]인지는 한글 「ㅅ」만으로는 알 수가 없다. 「Clifford 유구(琉球) 어휘」의 표기에 따라서 [si]로 한다. */ズ(zɯ)/도 같다.

*/ツ(tsɯ)/는 「Clifford 유구(琉球) 어휘」와 같이 [tsi]에 가까웠다고 생각되지만,「(8) 두즈 tu・cɯ (つうじ tsɯuzi)」가 있어서 신중을 요한다. 『오키나와어 사전』에 「통사(通事)」는 수록되어있지 않지만, 이것과

같은 음(音)이라고 생각되는 「çuuzi ① (名)通じ(tsɯuzi). 便通」가 있다. 이것을 음성표기로 하면 [tsuːdʒi]이다. [tsi]는 커녕 [tsɯ]에도 미치지 않고 있다. 음성환경 (후속모음이 */ウ/인 것)이 관계가 있겠지만 한글 자음이 파찰음(破擦音)「ㅈ」이 아니라, 파열음(破裂音)인 「ㄷ」인 것이 문제를 복잡하게 하고 있다. 언어에 따른 예외로 규정해버리면 간단하지만 중대한 뭔가가 숨겨져 있을 가능성이 있다 (「じ」부분의 「즈」도 그러하다). 후일을 기대한다.

*/ヅ(dzɯ)/는 용례가 한 가지 밖에 없지만, 최근까지 [midzi]의 형태를 보유하고 있었던 「水」가 그 예인 것은 행운이다.

제1절 모음 {1}에서 본 것처럼 한글 「ㅟ」(ɯi)는 [e], [i]를 나타내고 있을 가능성이 있지만, 여기서는 [e]는 적합하지 않고, [i]라고 보는 것이 타당할 것이다. 그렇다고 한다면, 「Clifford 유구(琉球) 어휘」에 나오는 [(d)zi]는 [(d)zï]로 수정할 여지가 생긴다.

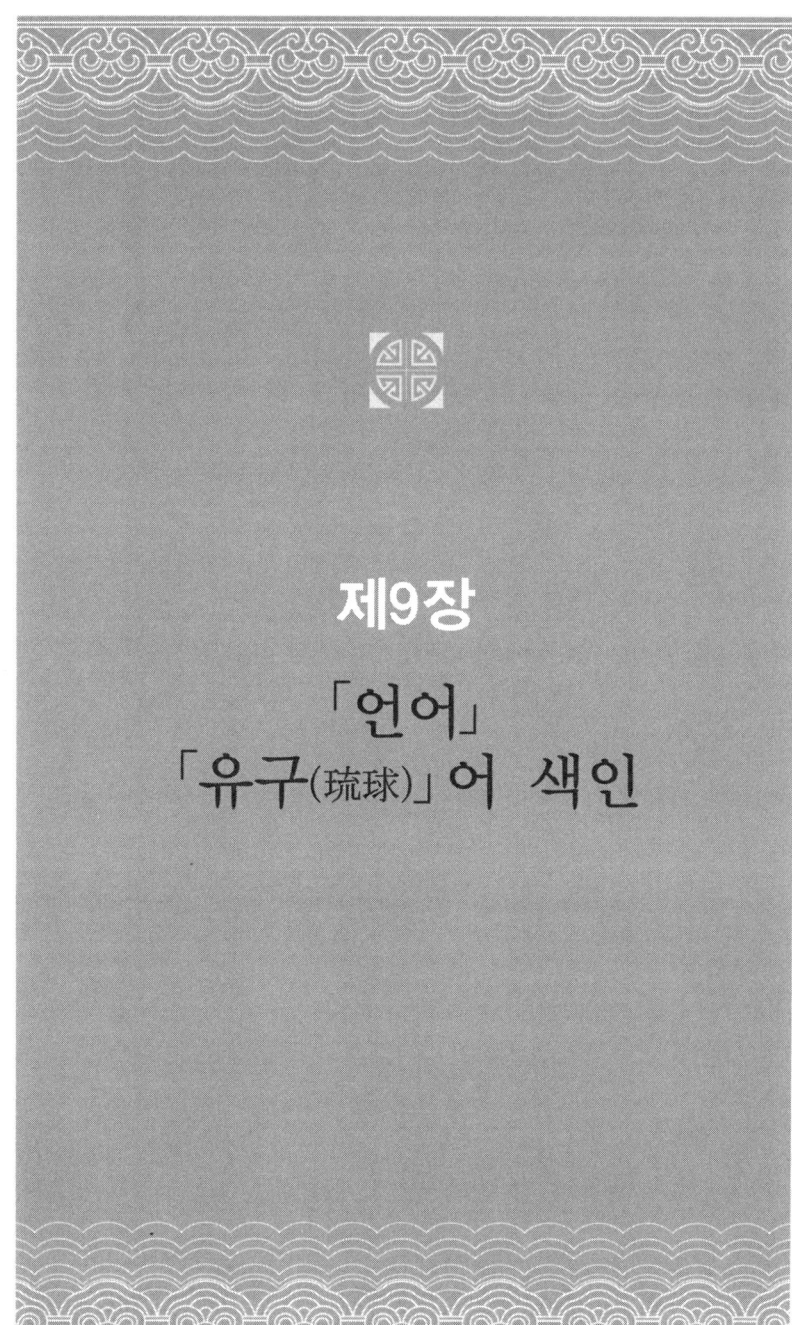

제9장

「언어」
「유구(琉球)」어 색인

❖ 50음순으로 배열한다. 각각에 대응하는 일본 고어(古語)를 표제어로 한다. 활용어(活用語)는 「종지형(終止形)」을 표제어로 한다.

あ(a)

あふぎ [扇]
　오지 99 扇 (73)-

あぶら [油]
　안다 67 油 (61)-

あま [彼處]
　아마 109 彼處 (80) -까라

あやまる [謝]
　군에 29 謝擢 (26) -햐

い(i)

いく [行]
　씬지 111 取來 (81) 무쇼

いづく [何處]
　망 107 何處在乎 (78) -카리야

いぬ [寢]
　이닉 25 眠 (25) -띠

う(u)

う [應]
　우 23 唯 (20)-

うし [牛]
　우시 52 牛 (47)-

うま [馬]
　마 51 馬 (46)-

え(e)

없음

お(o)

お [應]
　오오 24 諾 (21) -또

おしゆ [御主]
　우슈 5 丞相 (5)-

おはす [御座]
　맨소오리 2 1坐 (18)-

か(ka)

かさ [傘, 笠]
　가사 60 雨傘 (55)-

かぜ [風]
　간의 34 風 (29)-

かね [金, 錢]
　칸의 89 錢 (65)-

かへる [代, 替, 換, 變]
　케라 91 交易 (66)-

かまど [カマド(人名)]
　가마두 13 童兒 (11)-

かみ [紙]
　가빌 96 紙 (70)-

かみさし [簪]

이화 98 簪 (72)-

-から＜格助詞＞

　쌰라 109 彼處 (80) 아마

-かり＜格助詞＞

　카리 107 何處在乎 (78) 망야

　　　108白村在 (79) 두마

かんしよ [甘藷]

　한우슈 57 甘藷 (52)-

がんじよう [岩乗]

　간쥬 105 平安乎 (77) -야

き(ki)

きせる [khsier]

　시리 62 烟臺 (57)-

きよらさ [清, 美]

　주라사　102 好 (75)-

　　　　103 大好 (76) 주

く(ku)

く [來]

　쏘 111 取來 (81) 무찐자-

くぐわつ [九月]

　궁과치 44 九月 (39)-

くち [口]

　구지 16 口 (13)-

くねんぼ [九月母]

　군희부 56 橘 (51)-

くば

　구바　木葉俗呼一木

(p22　6행)

　琉球有九波一木

(p28　2행)

-ぐわつ [月]

　과치 35 月 (30)-

　　36 正月 (31) 쇼

　　37 二月 (32) 암

　　38 三月 (33) 산

　　39 四月 (34) 스

　　40 五月 (35) 우

　　41 六月 (36) 슉구

　　42 七月 (37) 치사

　　43 八月 (38) 화차

　　44 九月 (39) 궁

　　45 十月 (40) 사

け(ke)

없음

こ(ko)

ごぐわつ [五月]

　우과치 40 五月 (35)-

こめ [米]

　구미 55 米 (50)-

さ(sa)

ざうり [草履]

　사바 63 草履 (58)-

さん [山]

산 50 山 (45)- 실이

さんぐわつ [三月]

　산과치 38 三月 (33)-

■ し(ʃi) ■

しぐわつ [四月]

　스과치 39 四月 (#4)-

しし [猪]

　시시 53 豕 (48)-

しちぐわつ [七月]

　치시과치 42 七月 (37)-

しぬ [死]

　신융 26 死 (23)-

しはす [師走, 十二月]

　시와시 47 十二月 (42)-

じふぐわつ [十月]

　시과치 45 十月 (40)-

しもつき [霜月]

　시모지지 46 十一月 (41)-

しやうぐわつ [正月]

　쇼과치 36 正月 (31)-

しやうくわん [將官](?)

　샹광 6 大官 (6)대

しり [尻](?)

　실이 50 山 (45)산

■ す(sɯ) ■

すみ [墨] [文字]

　시미 94 文字 (68)-

■ せ(se) ■

せうくわん [小官]

　쇼광 7 小官 (7)-

せうちう[燒酒]

　쇼주 65 露酒 (59)-

■ そ(so) ■

없음

■ た(ta) ■

だいしやうくわん [大將官](?)

　대샹광 6 大官 (6)-

たうふ [豆腐]

　두후 6 豆腐 (60)-

たね [種] [陰莖, 男根]

　딘이 19 陽莖 (16)-

たばご [煙草]

　다박귀 59 烟草 (54)-

■ ち(tsi) ■

없음

■ つ(tsɯ) ■

つうじ [通事]

　두즈 8 通事 (8)-

つき [月]

　지지 46 十一月 (41) 시모-

つよきよらさ [强淸, 大美](?)

주주라사 103 大好 (76)-

て(te)

一て <接續助詞>
떼 25 眠 (22) 이나-
쩬 111 取來 (81) 무-지쇼
지 111 取來 무쩐-쇼

と(to)

とまり [泊] <地名>(?)
두마 77 白村 (62)-
　　108 白村在 (79) -카리
とり [鳥]
두리 54 鷄 (49)-

な(na)

없음

に(ni)

にぐわつ [二月]
임과치 37 二月 (32)-
にち [日]
니치 48 每日 (43) 마-

ぬ(nu)

一ぬ <打消>
랑 101 無 (74) 비부- (?)

ね ne)

없음

の(no)

없음

は(ha)

はし [箸]
하시 61 箸 (56)-
ばせう [芭蕉]
　마사 磨沙 - 草名
　(p28 5행)
はちぐわつ [八月]
화치과치 43 八月 (38)-

ひ(hi)

ひと [人]
쑈 1人 (1)-
ひと(つ) [一]
씌잇 80 一 (63)-

ふ(hu)

ふく [福]
후 33 福 (28)-
ふた(つ) [二]
쑷 81 二 (64)-
ふで [筆]
후듸 95 筆 (69)-

■ **ろ**(ro) ■

ろくぐわつ [六月]

　숙구과치 41 六月 (36)-

■ **わ**(wa) ■

わう [王] 오 4 國王 (4)-

■ **を**(wo) ■

をぎ [荻] [甘蔗]

　욱이 58 甘蔗沙糖草 (53)-

をとこ [男]

　우쎄가 2男 (2)-

をどる [舞] <踊>

우두이리 28 舞 (25)-

우나귀 3 女 (3)-

をんな [女]-

【未詳語】

(9) 비사	9 美面官O我國風憲之屬
(10) 후쉬인	12 富人
(12) 미쥬부	14 無姓人
(15) 피이	18 鼻
(24) 가재	27 歌
(27) 와싯라믄	30 辱人
(71) 밋씽	97 囊
(74) 비부랑	101 無

■ ■ ■ 参考文献 ■ ■ ■

石井米雄・高谷好一・前田成文・土屋健治・前田雪浦(1986)『東南アジアを知る
　　　　事典』平凡社

石井米雄・鈴木静雄・早瀬晋三(1992)『フィリピンの事典』同朋舎

伊藤亞人・大村益夫・梶村秀樹・武田幸男(1986)『朝鮮を知る事典』平凡社

大熊良一(1976)『プロッサム号来琉記-近世をつづったもう一つの航海記―』第一
　　　　書房

沖縄タイムス社(1983)『沖縄大百科事典』

尾崎雄二郎・都留春雄・西岡弘・山田勝美・山田俊雄(1992)『角川　大字源』角川
　　　　書店

弘字出版者編集部(1986)（改訂版）『国漢　最新大字源』民衆書林

小島裕(1989)『熱帯の果実』新星図書出版

島尻克美(1985)「異国船取扱い規定に関する一考察」『琉球の歴史と文化　山本弘文
　　　　博士還暦記念論集』本邦書籍

申叔舟(1975)『海東諸國紀』國書刊行會

須藤利一譯(1982)『バジル・ホール　大琉球島航海探險記』第一書房

高良倉吉(1980)『琉球の時代―大いなる歴史像を求めて―』筑摩書房

田中健夫訳注、申叔舟著(1991)『海東諸國紀』岩波書店

渡口眞清(1975)『近世の琉球』法政大學出版局

仲原善忠(1978)『琉球の歴史』沖縄文化協会

原田禹雄譯注, 李鼎元著(1985)『使琉球記』言叢社

春名徹譯、ベイジル・ホール著(1986)『朝鮮・琉球航海記―一八一六年アマースト
　　　　　　使節団とともに―』岩波書店

真境名安興(1923)『沖縄一千年史』(1974 五版) 琉球新報社

宮田俊彦(1984)『琉球・清國交易史』第一書房

諸橋轍次(1976)(縮寫版第五刷)『大漢和事典』大修館書店

李家源・權五惇・任昌惇(1990)『東亞 漢韓大辭典』東亞出版社

琉球王國評定所文書編集委員會(1988〜91)『琉球王國評定所文書 第一卷〜第七卷』
　　　　　　　　　　　　　　　　　　　　　　　　浦添市敎育委員會

若尾俊平・西口雅子(1977)『新訂版 近世地方文書字鑑』柏書房

(言語關係)

飯豊毅一・日野資純・佐藤亮一編(1984)『講座方言学10 沖縄奄美の方言』國書刊
　　　　　　　　　　　　　　　　行會

伊波普猷(1974)『伊波普猷全集』第四卷 平凡社

岩倉市郎(1977)『喜界島方言集』國書刊行會

內間直仁(1984)『琉球方言文法の研究』笠間書院

大阪外国語大学朝鮮語研究室(1986)『朝鮮語大辞典』角川書店

小倉進平(1924)『南部朝鮮の方言』(朝鮮史学会 大正一三・三)

小倉進平(1928)「朝鮮語のtoin-siot」(『岡倉先生記念論文集』昭和三・十二) ともに
　　　　　　　『小倉進平博士著作集(三)』 京都大学文学部国語学国文学研究室編
　　　　　　　(1975. 5)所収

長田須磨・須山名保子(1977)『奄美方言分類辞典 上卷』笠間書院

長田須磨・須山名保子・藤井美佐子(1980)『奄美方言分類辭典 下卷』笠間書院

龜井孝解説(1979)『クリフォード 琉球語彙』勉誠社

龜井孝・河野六郎・千野榮一(1988)『言語學大辭典 第一卷 世界言語篇(上)』三省堂

龜井孝・河野六郎・千野榮一(1988)『言語學大辭典 第三卷 世界言語篇(下)』三省堂

金城朝永(1944)『那覇方言概説』(『金城朝永全集(上卷)』一九七四 沖縄タイムス社)

小泉保譯、M・シュービゲル著(1973)『音声学入門』大修館書店

河野六郎(1979)『河野六郎著作集 1 朝鮮語学論文集』平凡社

國立國語研究所(1963)『沖縄語辞典』大藏省印刷局

高橋俊三(1991)『おもしろさうしの国語学的研究』武藏野書院

多和田眞一郎(1979) 「十五・六世紀首里語の音韻ー『語音翻訳』にみるー(上)(下)」『沖縄文化』第51号・第52号

多和田眞一郎(1980) 「『クリフォード琉球語彙』にみる一九世紀の沖縄語」『沖縄文化』第54号

多和田眞一郎(1981) 「一九世紀沖縄語の成り立ち」『沖縄文化』第57号

多和田眞一郎(1982) 「沖縄方言と朝鮮語資料」『国文学 解釈と鑑賞』第47巻9號

多和田眞一郎(1984) 「沖縄語史的研究序説ー『語音翻訳』再論ー」『現代方言学の課題 第3巻 史的研究篇』明治書院

多和田眞一郎(1985) 「『クリフォード琉球語彙』琉英配列語彙」『琉球の方言』9

多和田眞一郎(1985) 「朝鮮・中国資料対照琉球語彙」『琉球の方言』9

多和田眞一郎(1986) 「沖縄の言語学＜下＞ー韓国・中国・本土からみた琉球-」『月刊言語』vol.15 No.10

多和田眞一郎(1988) 「中世朝鮮・中国人と琉球方言」『国文学 解釈と鑑賞』第53巻1号

多和田眞一郎(1992) 「ハングル資料沖縄語(一九世紀初)」『沖縄文化研究』18 法政大学沖縄文化研究所

東條操(1969) 『南島方言資料』刀江書院

仲宗根政善(1983) 『沖縄今帰仁方言辞典』角川書店

中本正智(1976) 『琉球方言音韻の研究』法政大学出版局

中本正智(1981) 『図説琉球語辞典』力富書房金鶏社

野原三義(1986) 『琉球方言助詞の研究』武藏野書院

服部四郎(1984) 『音声学』岩波書店

濱田敦(1970) 『朝鮮資料による日本語研究』岩波書店

濱田敦(1983) 『續朝鮮資料による日本語研究』臨川書店

外間守善(1972) 『沖縄の言語史』法政大学出版局

外間守善(1981) 『日本語の世界 9 沖縄の言葉』中央公論社

安田章(1080) 『朝鮮資料と中世国語』笠間書院

安田章(1990) 『外国資料と中世国語』三省堂

許雄(1965) 『改稿新版 国語音韻学』正音社

金亨奎(1972) 『増補 國語史研究』一潮閣

崔鶴根(1968)『國語方言研究』ソウル大学出版部

崔鶴根(1978)『韓國方言辭典』玄文社

南廣祐(1973)『補訂 古語辭典』一潮閣

노대규, 김영희, 이상복, 임영기, 성낙수, 최기호(1991)『国語学序説』신원문화사

李基文(1972)『国語音韻史研究』塔出版社

李基文著, 村山七郎監修, 藤本幸夫訳(1975)『韓国語の歴史』大修館書店

劉昌惇(1964)『李朝語辭典』廷世大学校出版部

Ernesto Constantino ILOKANO DICTIONARY(1971) University of Hawaii
　　　　　　Press

Teresita V.Ramos TAGALOG DICTIONARY(1971) University of Hawaii
　　　　　　Press

ILOKO-ENGLISH DICTIONARY(Rev.Andrs Carro's VOCABULARIO
　　　　　　ILOKO-ESPAÑOL)Translated, Augmented and Revised by
　　　　　　Morice Vanoverbergh, C.I.C.M. Printed and Edited by the
　　　　　　CATHOLIC SCHOOL PRESS Baguio, Philippines

■ ■ ■ 후기 ■ ■ ■

「목포」에서 탄 열차 안에서 생각했다. 「이렇게 잘 진행되어도 괜찮은 걸까」하고. 실로 바라던 대로 일이 잘 진행되었다. 마치 성숙한 과실이 자연스럽게 떨어지듯이 그리고 그것은 성낙수 교수의 전면적인 지원 아래, 아니 「비호하 (庇護下)」에 이루어졌다고 해도 과언이 아니다. 성교수가 같은 길에 있었기 때문에 막힘없이 일이 잘 진행되었다고 느낄 때가 몇 번인가 있었다. 한국내에서 열차와 비행기, 배 등의 일정 준비, 문서 소장자인 문채옥씨와의 응대, 우이도(牛耳島)에서 돌아오는 배에서 우연히 만난 사복경관과의 대응 등이 그러하다.

그러나 잘 생각해보면 성교수의 비호가 성공한 것도, 무엇보다 문채옥 씨의 「이해(理解)」가 있었기 때문이다. 학문이라는 이름 하에서 문서 촬영·복사를 흔쾌히 허락해주시고, 또 그것을 연구하고 공개하는 일에도 동의해 주셨다. 뿐만 아니라, 잠자리와 식사도 신경을 써주셨다. 물론 여기에는 「문씨 부인」의 전면적인 지원도 있었다.

기후도 좋았다. 「목포 ↔ 도초도 ↔ 우이도」의 항로(航路)가 가는 길도 오는 길도 쾌청한 날씨로 실로 온화했다. 나중에 들은 것이지만, 파도가 심한 해역이 있어서 파도가 온화하고 쾌청한 날은 적고, 거기에다 이틀이나 지속되는 것은 드문 일이다라고 하였다. 그것을 듣고 도리를 넘어서까지 생각해버린 것이다. 「문서」가 내가 오는 것을 기다리고 있었고, 방문하기 좋은 상황을 만들어 주었다고.

그리고 재료를 입수 할 수 있었다. 신선할 때 빨리 「조리」하지않으면 안된다. 연내 (1992년)에 출판하고 싶다는 희망을 말하고, 長尾씨와 8월 말에는 탈고한다고 약속하고 작업을 시작한 것이 6월 하순이었다.

약속한 날보다 1주일 정도 시간이 많이 걸렸지만 탈고를 했다. 그 시점에서는 연내 발행도 할 수 있다고 생각했다. 그러나 생각지 못한 장해가 나타났다. 한글 인쇄다. 자세한 것은 생략하지만 한글이 많은 장은 원고를 한국에 보내 활자를 짜 받아야 했다. 원고 교정본이 한국과 일본을 왕복하고, 그 때문에 적지않은 시간이 걸리는 것이었다. 그것과는 별개로 한자의 번각(翻刻)에 있어서도 가능한 한 원본에 충실히 한다는 목표하에 모든 시간을 들여서 진행하였다. 또 세로쓰기와 가로쓰기를 같이 하는 변칙적 구성도 부탁했다. 후회하지 않도록 잘 만들고 싶다고 하면서 최선을 다해서 노력하신 長尾씨의 성실한 자세에는 감사하다는 말 이외에는 없다.

완성의 날이 늦어진 것은 유감스럽지만, 덕분에 오히려 추고(追考) 및 조사를 위한 시간적 여유가 생겼다고 말할 수 있다. 몇 가지의 의문점은 그 사이에 해결하고, 교정 단계에서 살릴 수 있었다. 그러나 현시점에 있어서는 의문인 채로 둘 수 밖에 없는 것도 있었다. 그 중에서 가장 아쉬운 것은 '西南馬宜'라는 지명이다.

당초「十一月初一日到呂宋西南馬宜地方下矴」(「漂海始末」본문 4페이지 2행)의 「呂宋西南馬宜」를 「呂宋 西南의 馬宜」라고 생각하고 「馬宜」는 현재의 「바기오(Baguio)」시에 해당한다고 생각하고 있었지만, 나중의 기술에서「呂宋東北有五島舟行十三日見之」「十二日移舶南行一日抵一地 (地名未聞) 留五日汲水瀚衣行一日到一咾哩」와 관련해서 생각하면,「馬宜」는「一咾哩」의 북쪽에 위치했다는 것이고,「イロコ(iroko)」의 남쪽에 있는「バギオ(bagio)」는 타당하지 않았다는 것을 알았다. 그래서 생각을 바꾸어

「西南馬宜」는 음역자(音譯字)이고, 그것만으로 하나의 지명이라고 한다면, 후보가 될 듯한 섬도 있다는 것을 알았다. 「사라마기(Salamagi)」혹은 「사루마기(Salomague)」라고 하는 작은 섬이 루손섬의 북서부의 매우 가까운 곳에 있었다. 발음상은 문제가 없는 듯 생각된다. 그러나 월일(月日)과 거리상에서 모순이 생긴다. 「馬齒山島」의 「自白村四百里」에 의문이 있었듯이 「漂海始末」에 기술되어 있는 연월일(年月日)과 거리 등에 백퍼센트의 신뢰를 둘 수 있을까 하는 것도 있어서, 일은 간단하지만은 않았지만, 일단 「漂流關係海域·地域図 및 主要通過地 道程」과 같이 하였다. 어디까지나 가정이다. 지명(地名)뿐만 아니라 의문점은 적지 않다. 조사하면 조사 할수록 늘어나는 느낌도 들었다.

언젠가 『표해록(漂海錄)』과 인연이 깊었던 지역을 방문하는 여행이 하고 싶어질 지도 모르겠다.

1993년 4월 5일

多和田眞一郎

(追記)『國語學』第172集(93년 3월 31일 발행)에 「5월발행」의 광고가 게재되고 나서 '이변'이 일어났다. 한글의 '탓'이다. 그 인쇄 때문에 1년이나 더 걸렸다. 이것이야 말로 「표해(漂海)」이다.
「우이도(牛耳島)」행을 결심하고 10수년만의 한국여행을 했을 때부터 만 3년의 세월이 지나 발행할 수 있었다. 생각하면 「표해록(漂海錄)」의 주인공들이 「집에 돌아 온 것」도 만 3년 후였다. (94년 4월 3일)

저자소개

多和田眞一郎 [다와타 싱이치로오] <博士(学術)>

　1947년 沖繩(県) 생

　70년 静岡大學 인문학부 졸업

　72년 동경 도립대학 대학원 인문과학연구과 석사과정 수료, 박사과정 진학

　73년 (한국)연세대학교 Korean Language Institute 유학

　78년 동경 도립대학 대학원 인문과학연구과 박사과정 退學(단위취득)

　현재 広島大學 교수 (国際센터, 大学院教育学研究科)

　現在所 広島県広島市西区己斐本町3-1-6-812

주요논문 · 저서

『沖縄語音韻の歴史的研究』(2010年、溪水社)、『沖縄語漢字資料の研究』(1998
年、溪水社)、『外国資料を中心とする沖縄語の音声・音韻に関する歴史的研究』
(1997年、武蔵野書院)、『「琉球・呂宋漂海録」の研究－二百年前の琉球・呂宋
の民俗・言語－』(1994年、武蔵野書院)

「日本語とハングル資料－沖縄語史とハングル資料－」(『日本文化學報』第37
号)(2008年)、「文法Ⅰ(語)」(『講座・日本語教育学 第6巻 言語の体系と構造』)(2006
年)、「言葉の取替え そして 言語の変化(沖縄語を例として)」(『日語日文学』第25
輯)(2005年)、「沖縄語音韻史－口蓋化・破擦音化を中心として－」(『音声研究』
第8巻第2号)(2004年)

「十五・六世紀首里語の音韻－『語音翻訳』にみる－(上)(下)」(1979年)、「短期集
中日本語教育－そののぞましいひとつのすがた－」(1986年)、『方言体系変化
の通時論的研究』(共著)(1974年)、『琉球宮古諸島方言基礎語彙の総合的研究』
(共著)(1983年)、「日本語・朝鮮語対照研究の課題」(1991年)、『にほんごへの
たびたち』(1993年) 등.

역자소개

조강희 趙堈熙
  (현) 부산대학교 교수
  부산대학교 (학사)
  岡山大学 (석사)
  広島大学 (박사)
  전 일본 四国学院大学 강사
  전 순천대학교 교수
  전 부산대학교 일본연구소 소장

저서 : 『朝鮮資料에 의한 日本語 音聲 音韻 研究』제이앤씨
역서 : 『相國寺塔頭慈照院 所藏 朝鮮通信使 遺物圖錄』(사)조선통신사문화사업회
논문 : 「日本語史の音声資料としての朝鮮資料のハングル音注表記について」『일
       본어문학』43, 「鼻濁音の喪失過程について」『岡大論考』28 등 다수

「琉球・呂宋漂海錄」 研究

「유구・여송 표해록」 연구

－ 2백년전 유구(琉球)・여송(呂宋)의 민속 언어 －

초판인쇄 2011년 10월 25일
초판발행 2011년 11월 02일

저　　자 다와타 싱이치로오(多和田眞一郎)
역　　자 조강희(趙堈熙)
발 행 인 윤석현
발 행 처 박문사
책임편집 이신
마 케 팅 김형열
등록번호 제7-220호

우편주소 서울시 도봉구 창동 624-1 북한산현대홈시티 102-1206
대표전화 (02) 992 / 3253
전　　송 (02) 991 / 1285
홈페이지 http://www.jncbms.co.kr
전자우편 jncbook@hanmail.net

ISBN 978-89-94024-73-8 93730　　**정가** 20,000원